10주 완성

제4판

법률일본어 입문

金 賢 珠 著

진 원 사

제4판을 내면서

이전의 출간에 미흡한 분을 보충하였습니다. 변함없는 성원을 보내주신 독자분들께 감사드립니다.

2020년 4월 저 자 씀

제3판을 내면서

기초일본어 참고서이지만 주로 법률관련 문장을 독해하기 위한 것으로 결코 쉽지 않은 내용을 담아 세상에 선보인지 4년 만에 제3판을 출판하게 되었습니다. 독자 여러분께 깊이 감사드립니다.

이번 개정판에서는 그 동안 강의하면서 발견한 오자와 부족한 설명을 보충하였고 부록으로 고소장과 교통사고합의서 등의 서식을 추가하였습니다. 일본에서 귀중한 자료를 보내주신 이직현 변호사님을 비롯하여 언제나 도움을 주시는 많은 분들께 깊은 감사드립니다.

2015년 10월 저 자 씀

개정판을 내면서

개정판을 낼 수 있도록 성원해주신 독자여러분께 진심으로 감사드립니다. 기존의 일본어학습서와 차별되게 법률일본어라는 영역을 개척하였다는 자긍심도 있는 반면 강의하면서 미흡한 점이 발견될 때마다 죄송하고 부끄럽기 그지없었습니다.

이번 개정판에는 확인된 오자를 바로잡아 수정하였고 내용도 보충하여 독자들의 이해를 돕고자 하였습니다. 부록에는 품사별 주요어휘를 추가하여 활용도를 높였습니다. 일본어의 구어체와 문어체의 방대한 문법과 어휘를 법률서적 독해라는 목표에 초점을 맞추어 편집하였으나, 부족한 부분은 계속하여 보완해 나가겠습니다.

변함없이 지원해주신 진원사의 양진수 사장님과 편집하시느라 고생을 많이 하신 류재현 과장님께 깊이 감사드립니다. 언제나 든든한 버팀목이 되어주는 가족에게도 고마움을 전합니다. 한 권의 책으로 나오기까지 많은 분들께서 도와주셨습니다만 일일이 소개해드리지 못하여 송구스럽게 생각하며, 끊임없이 연구하여 보다 나은 책으로 보답하겠습니다. 개정판을 읽고 계실 독자분의 질문과 조언을 기다립니다.

2013년 5월 저 자 씀

책머리에

기존의 「법률일본어」를 애독해주신 분들께 진심으로 감사드리며 일본어를 처음 접하는 분이더라도 최대한 시간낭비를 줄이고 효과적으로 독해실력을 쌓을 수 있는 [입문서]를 출간하게 되었습니다.

전반부는 일본어 문자인 히라가나, 가타카나, 한자의 기초를 충분히 다진 후 동사중심의 간결한 문법 설명과 독해, 작문연습문제를 통하여 균형 있는 학습을 도모하였습니다. 후반부는 다양한 장르의 문장을 해석하고 소리 내어 읽을 수 있도록 번역과 한자발음을 병기하였습니다. 학습방법은 다음의 순서를 참고하시기 바랍니다.

첫째, 원문을 눈으로 읽고 뛰어 쓰기 표시를 하며 해석해 볼 것,
둘째, 한자 읽는 법(후리가나)이 달린 해석의 문장을 소리 내서 읽고 해석을 확인해 볼 것,
셋째, 번역된 문장을 다시 일본어로 생각한다면 작문과 회화공부로 이어질 것입니다.

아무쪼록 여러분의 연구와 학업, 실무에 도움이 되기를 바라며 많은 조언과 지도를 기대합니다. 함께 학습하셨거나 현재 배우고 계신 법조인과 학생들이야말로 이 책의 진정한 저자입니다. 그분들께 진심으로 감사를 드립니다. 책을 출간하기까지 도와주신 분들이 많지만 특히 金紀彦・長沢幸男 변호사님, 伊本正雄・三宮脩身 선생님께 깊이 감사드립니다.

끝으로 진원사 양진수 사장님과 편집을 도와주신 류재현 과장님과 묵묵히 도와준 가족에게도 감사드립니다.

2011년 3월
저 자 씀

목 차

初心(しょしん) 忘(わす)るべからず

초심을 잃지 말 것

1 週次

제1강 문자소개

일본어는 **히라가나**[1], **가타카나, 한자**로 구성되어 있다.

한자가 진짜 말이고 가나(仮名)는 임시로 만든 말이란 뜻이다.

한자를 초서체로 해서 만든 것이 히라가나(平仮名)이고, 한자의 일부분을 따온 것이 가타카나(片仮名)이다.

ひらがな는 자음, 모음이 분리되어 있지 않고 기본 모음은 '**あ**아, **い**이, **う**우, **え**에, **お**오'이다. (먼저 45글자를 외우는 요령은 다음과 같다)

1) 첫머리를 외울 것. **아카사타나 하마야라와**(행)
2) 각각 [aiueo]발음을 붙일 것.
   아이우에오(**あ**행)　가키쿠케코(**か**행)　사시스세소(**さ**행)
   타찌쯔테토(**た**행)　나니누네노(**な**행)　하히후헤호(**は**행)
3) 유래의 한자를 생각할 것(초서체) 예 安 → あ, 以 → い

カタカナ는 외래어, 의성어, 또는 필자가 강조할 때 쓴다.

주로 외래어 표기할 때 쓰고 1945년까지의 법조항, 판결문 등은 모두 한자와 カタカナ로 표기되어 있다.

漢字는 약자(國 → 国)를 쓰고 상용한자〈p.47〉의 범위에서 쓰기 때문에 간혹 한 단어 안에서 히라가나와 한자를 섞어 쓰는 경우가 있다.

일본어는 띄어쓰기를 하지 않고 한자도 여러 의미로 쓰기 때문에 해석할 때 주의를 요한다.

---

1) 한자 위에 다는 토를 **ふりがな**(후리가나)라고 하는데 이 책에선 글씨를 크게 하기 위해서 오른쪽 옆에 달았고 한자 밖으로 나오는 것을 **おくりがな**(오꾸리가나)라고 한다.

い이ろ로は하[2)]

이로 하 니호 헤도(7) 치 리 누루오(5)
色(いろ)は 匂(にほ)へど 散(ち)りぬるを

아름다운 꽃도 지는데

와 가 요 다레 조(6) 츠네 나라무(5)
我(わ)が世(よ)誰(だれ)ぞ 常(つね)ならむ
〈p.71〉참조

이 세상 누가 영원하리

우이 노 오쿠야마(7) 케후(쿄우) 코에테(5)
有為(うゐ)の 奥山(おくやま) 今日(けふ) 越(こ)えて

덧없는 인생 오늘도 넘어가며

아사 키 유메 미지(7) 에히(이) 모 세즈(5)
浅(あさ)き 夢(ゆめ)見(み)じ 酔(ゑ)ひも せず

헛된 꿈은 꾸지 않으리. 취하지도 않으리.

---

2) • 弘法大師가 썼다는 설이 있으나 작자미상으로 히라가나 47개를 겹치지 않고 지은 시이다(번역은 의역이다).
- 일본어 가나 순서인 あいうえお(아이우에오)보다는 위 시의 처음 부분처럼 맨 앞 글자를 따서 イロハニ(이로하니)를 사용하는 경우가 많다.
- ( ) 안의 숫자는 음절수를 말하며 和歌(わか: 일본시)의 기본 음률은 7, 5조.
- 당시 はひふへほ의 실제발음은 wa wi wu we wo였는데 지금도 は와 へ는 조사로 쓰일 때 각각 wa와 e로 발음한다.
- (口) 형용사 기본형 = 연체형 (文) 형용사 어미 し, 연체형 き 〈p.177〉
- ゐ, ゑ는 현재 쓰지 않는 글자이다.

平仮名(ひらがな)

행 \ 단	a	i	u	e	o
아	安 あ 아	以 い 이	宇 う 우	衣 え 에	於 お 오
카, 까	加 か 카	畿 き 키	久 く 쿠	計 け 케	己 こ 코
*(가)	が (가)	ぎ (기)	ぐ (구)	げ (게)	ご (고)
사	左 さ 사	之 し 시	寸 す 스	世 せ 세	曽 そ 소
*(자)	ざ (자)	じ (지)	ず (즈)	ぜ (제)	ぞ (조)
타, 따	太 た 타	知 ち 치	川 つ 츠	天 て 테	止 と 토
*(다)	だ (다)	ぢ (지)	づ (즈)	で (데)	ど (도)
나	奈 な 나	仁 に 니	奴 ぬ 누	祢 ね 네	乃 の 노
하	波 は 하	比 ひ 히	不 ふ 후	部 へ 헤	保 ほ 호
*(바)	ば (바)	び (비)	ぶ (부)	べ (베)	ぼ (보)
** 파, 빠	ぱ (파, 빠)	ぴ (피, 삐)	ぷ (푸, 뿌)	ぺ (페, 뻬)	ぽ (포, 뽀)
마	末 ま 마	美 み 미	武 む 무	女 め 메	毛 も 모
야	也 や 야		由 ゆ 유		与 よ 요
라	良 ら 라	利 り 리	留 る 루	礼 れ 레	呂 ろ 로
와	和 わ 와				遠 を 오
*** ㄴ, ㅁ, ㅇ	无 ん				

1) 왼쪽은 히라가나의 유래가 된 한자

2) 같은 글자라도 어두에 올 때와 어미에 올 때 발음이 달라진다.

　예 たなか 다나까(田中)　　かいしゃ 가이샤(会社)

3) *탁음 **반탁음　***ん (한국어받침 ㄴ, ㅁ, ㅇ에 해당)

연습 ひらがな(히라가나)를 써보세요.

〈읽으면서 다음 단어의 뜻을 추측해봅시다.〉

1. ほう・ぽう

(1) ほうりつ

ほうそう

こうほう

しほう

けいほう

しょうほう

(2) みんぽう

けんぽう

ほんぽう

じゅんぽう

しんぽう

ぶんぽう

(3) ろっぽう

りっぽう

〈큰 소리로 읽고 따라서 쓰세요.〉

1. 法(ほう · ぽう) 법

(1) 法律(ほうりつ) 법률

法曹(ほうそう) 법조 放送(ほうそう) 방송

公法(こうほう) 공법 広報(こうほう) 광보(홍보)

私法(しほう) 사법 司法(しほう) 사법

刑法(けいほう) 형법 警報(けいほう) 경보

商法(しょうほう) 상법

(2) 民法(みんぽう) 민법 民放(みんぽう) 민간방송

憲法(けんぽう) 헌법

本法(ほんぽう) 본법

遵法(じゅんぽう) 준법

新法(しんぽう) 신법

文法(ぶんぽう) 문법

(3) 六法(ろっぽう) 육법

立法(りっぽう) 입법

〈읽으면서 다음 단어의 뜻을 추측해봅시다.〉

2. はん・ばん・ぱん

(1) はんだん

はんけつ

はんじ

はんめい

はきじはん

ひはん

こうはん

ごはん

(2) さいばん

さいばんかん

(3) しんぱん

〈큰 소리로 읽고 따라서 쓰세요.〉

2. 判(はん・ばん・ぱん) 판

(1) 判断(はんだん) 판단

判決(はんけつ) 판결

判事(はんじ) 판사　　判示(はんじ) 판시

判明(はんめい) 판명　　判例(はんれい) 판례

破棄自判(はきじはん) 파기자판

批判(ひはん) 비판

公判(こうはん) 공판　　後半(こうはん) 후반

誤判(ごはん) 오판　　*cf)* ご飯(はん) 밥

(2) 裁判(さいばん) 재판

裁判官(さいばんかん) 재판관(판사)

(3) 審判(しんぱん) 심판　　侵犯(しんぱん) 침범

〈읽으면서 다음 단어의 뜻을 추측해봅시다.〉

3. はん・ぱん

(1) はんざい

はんこう

はんにん

(2) しんぱん

せんぱん

〈큰 소리로 읽고 따라서 쓰세요.〉

3. 犯(はん・ぱん) 범

(1) 犯罪(はんざい) 범죄

犯行(はんこう) 범행　　反抗(はんこう) 반항

犯人(はんにん) 범인

(2) 侵犯(しんぱん) 침범　　審判(しんぱん) 심판

戦犯(せんぱん) 전범　　先般(せんぱん) 일전에

쉬어가는 코너

◈ ため・だめ

– 결혼하기 전의 여성이 제일 잘 쓰는 말은? **ため**

그대를 위해 あなたの **ために**

당신을 위한 선물 あなたの **ための** プレゼント

– 결혼을 하고 아이를 낳아 기를 때 제일 잘 쓰는 말? **だめ**

안 돼 **だめ**

먹으면 안 돼 たべては **だめ**

◈ また・まだ

또 왔어? **また** きた？

아직 안 왔어? **まだ** きてない？

◈ けた・げた

자릿수가 틀리다(차이가 엄청 크다) **桁**(けた)**が 違**(ちが)**う**

나막신 **下駄**(げた)

◈ かき・かぎ

かき： **下記**(かき) 하기 **柿**(かき) 감 **牡蛎**(かき) 굴 **火器**(かき) 화기

書(か)き 쓰기, 그리기 **夏季**(かき) 하계

かぎ： **鍵**(かぎ) 열쇠

1 週次

제2강 ひらがな의 종류

청 음	탁 음	반탁음	촉 음	발 음
あいうえお				
かきくけこ	がぎぐげご			
さしすせそ	ざじずぜぞ			
たちつてと	だ(ぢづ)でど		っ	
なにぬねの				
はひふへほ	ばびぶべぼ	ぱぴぷぺぽ		
まみむめも				
や ゆ よ				
らりるれろ				
わ を				ん

요음: i단 모음 뒤에 작게 쓴다. ゃ ゅ ょ 예 きゃ 캬 きや 키야

きゃ きゅ きょ 캬 큐 쿄	ぎゃ ぎゅ ぎょ 갸 규 교	
しゃ しゅ しょ 샤 슈 쇼	じゃ じゅ じょ 쟈 쥬 죠	
ちゃ ちゅ ちょ 챠 츄 쵸		
にゃ にゅ にょ 냐 뉴 뇨		
ひゃ ひゅ ひょ 햐 휴 효	びゃ びゅ びょ 뱌 뷰 뵤	ぴゃ ぴゅ ぴょ 뺘 쀼 뾰
みゃ みゅ みょ 먀 뮤 묘		
りゃ りゅ りょ 랴 류 료		

연습 ひらがな의 탁음, 반탁음, 요음을 써보세요.

1. **청 음 :** か 행, た 행은 앞에 올 때와 끝에 올 때 발음이 다름
   예 타코야끼 たこやき　　토모다찌(친구) ともだち

2. **탁 음 :** かさたは 행의 오른쪽 위에 점 두 개를 붙인 글자
   예 がぎぐげご 가기구게고　　ざじずぜぞ 자지즈제조
   だぢづでど 다지즈데도　　ばびぶべぼ 바비부베보

3. **반탁음 :** は 행만 오른쪽 위에 동그라미를 붙인 글자
   예 ぱぴぷぺぽ 파피푸페포

4. **촉 음 :** つ를 반쪽 크기로 쓰고 받침 ㅅ, ㅆ, ㅊ, ㅉ에 해당
   예 이쯔(언제) いつ　　잇빠이(가득, 한잔) いっぱい

5. **撥音**(발음) **:** 어두에 오지 않으며 받침 ㄴ,ㅁ,ㅇ에 해당
   예 센세-(선생님) せんせい　엠삐쯔(연필) えんぴつ　홍(책) ほん

6. **요 음 :** ゃ ゅ ょ를 반쪽 크기로 씀
   예 시야 しや(視野)　　샤(차) しゃ(車)

7. **청음과 탁음 :** 구별하기 위해 ㄱ, ㅋ 으로 표기[3)]
   예 캇꼬-(모양) **か**っこう　　갓꼬-(학교) **が**っこう

8. **장 음 :** あ 행의 글자는 중간이나 뒤에 올 때 길게 발음
   예 오까-상(어머니) おかあさん　아리가또-(고마워) ありがとう

9. **は・へ :** 조사로 쓰일 때 발음이 다른 것
   ※ **は** : ~은/는 뜻일 때 [와]　　**へ** : ~에/로 뜻일 때 [에]

---

3) 이 책에서는 청음과 탁음을 구별하기 위해 ㄱ, ㅋ 으로 표기했지만 실제 발음상으로는 비슷하게 들린다.

예 わたしは とうきょうへ いきます。　저는 동경에 갑니다.

예 はなは へやへ　꽃은 방으로

10. 조 사 〈p.71~76〉

예 は(은)　が(이, ~지만)　も(나, 도)　に(에)

の(의, 의 것, 이)　と(와, ~라고)　へ(에)

を(를)　や(랑)　で(에서, 으로)

から(부터, 이니까)　まで(까지)　でも(라도)

11. 의문사

예 いつ(언제)　だれ(누구)　どこ(어디)　なに・なん(무엇) 〈p.196〉

どうして・なぜ・なんで(왜)　どう・どうやって(어떻게)

연습 아래 ( ) 안에 알맞은 단어를 쓰세요.

① 언젠가 (　　　)　② 언제나 (　　　)

③ 누가 (　　　)　④ 누구라도[4] (　　　)

⑤ 어디서 (　　　)　⑥ 어디나[5] (　　　)

⑦ 무엇을 (　　　)　⑧ 아무것도 (　　　)

정답

① いつか ② いつも ③ だれが ④ だれでも (*cf*) だれも ; 아무도, 누구도)

⑤ どこで ⑥ どこも ⑦ なにを ⑧ なにも

---

4) 누구라도 (口) だれでも・だれも (文) だれもが・だれしも・なんぴとも
아무도/누구나 だれも, 누구의 존댓말 どなた(＝どのかた)

5) どこでも いい 어디라도 괜찮다. どこへも いかない 아무데도 안 간다.
どこにも ある 어디에도 있다.

연습 다음을 ひらがな(히라가나)로 쓰세요.

① 오하요(우)[6] 고자이마스

② 콘니찌와

③ 콤방와

④ 오야스미나사이

⑤ 데와 마따/쟈네
사요(우)나라
시쯔레이시마스
오키오 츠케테

⑥ 아리가또(우) 고자이마스

⑦ 도(우)이따시마시떼

⑧ 하이/이이에
스미마셍
켓꼬(우)데스
다이죠(우)부데스

⑨ 하지메마시떼
도(우)조 요로시꾸 오네가이시마스

⑩ 이따다끼마스
고찌소(우)사마데시타[7]

⑪ 오쯔까레사마데시타

⑫ 오히사시부리데스

---

6) (우)는 발음하지 않고 앞의 발음을 길게 한다.
7) 데시타의 '타'는 실제 '다'로 발음하지만 だ가 아닌 た인 것을 구별하기 위함.

정답

① おはようございます。(아침인사)

② こんにちは。[8] (점심인사)

③ こんばんは。[9] (저녁인사)

④ おやすみなさい。(잠잘 때)

⑤ 헤어질 때
　ではまた。・ じゃね。(그럼 또 : 친한 사람 사이)
　さようなら。(안녕히 가세요, 계세요)
　しつれいします。(실례하겠습니다)
　おきをつけて。(조심해서 가세요)

⑥ ありがとうございます。(감사합니다)

⑦ どういたしまして。(천만에요)

⑧ はい / いいえ (예 / 아니요)
　すみません。(미안합니다)
　けっこうです。(괜찮아요, 사양할 때)
　だいじょうぶです。(괜찮아요, 문제없어요)

⑨ はじめまして。(처음 뵙겠습니다)
　どうぞ、よろしく おねがいします。(잘 부탁합니다)

⑩ いただきます。(잘 먹겠습니다)
　ごちそうさまでした。(잘 먹었습니다)

⑪ おつかれさまでした。(수고하셨습니다)

⑫ おひさしぶりです。(오랜만입니다)

---

8) 今日(こんにち)は　금일은 … (조사 は는 발음을 '와'로 한다)
9) 今晩(こんばん)は　오늘밤은 …

연습 지금까지 배운 인사말을 ひらがな로 써보세요.

〈큰 소리로 읽고 따라서 쓰세요.〉

東京都(とうきょうと)　　北海道(ほっかいどう)

京都府(きょうとふ)　　大阪府(おおさかふ)

43개 県(けん)

東北(とうほく) 地方(ちほう)

青森(あおもり)　　秋田(あきた)

岩手(いわて)　　山形(やまがた)

宮城(みやぎ)　　福島(ふくしま)

関東(かんとう) 地方(ちほう)

栃木(とちぎ)　　茨城(いばらき)

群馬(ぐんま)　　埼玉(さいたま)

東京都(とうきょうと)　　神奈川(かながわ)

千葉(ちば)

中部(ちゅうぶ) 地方(ちほう)

新潟(にいがた)　　富山(とやま)

石川(いしかわ)　　福井(ふくい)

長野(ながの) 岐阜(ぎふ)

山梨(やまなし) 静岡(しずおか)

愛知(あいち)

近畿(きんき) 地方(ちほう)

滋賀(しが) 三重(みえ)

奈良(なら) 和歌山(わかやま)

京都府(きょうとふ) 大阪府(おおさかふ)

兵庫(ひょうご)

中国(ちゅうごく) 地方(ちほう)

鳥取(とっとり) 島根(しまね)

岡山(おかやま) 広島(ひろしま)

山口(やまぐち)

四国(しこく) 地方(ちほう)

香川(かがわ) 徳島(とくしま)

愛媛(えひめ) 高知(こうち)

九州(きゅうしゅう) 地方(ちほう)

福岡(ふくおか)	**佐賀**(さが)
長崎(ながさき)	**大分**(おおいた)
熊本(くまもと)	**宮崎**(みやざき)
鹿児島(かごしま)	**沖縄**(おきなわ)

연습 高等(こうとう)裁判所(さいばんしょ) 소재지의 발음을 써보세요.

東京都( )	大阪市( )	名古屋市( )
広島市( )	福岡市( )	仙台市 ( )
札幌市( )	高松市( )	

정답

東京都(とうきょうと)	大阪市(おおさかし)	名古屋市(なごやし)
広島市(ひろしまし)	福岡市(ふくおかし)	仙台市(せんだいし)
札幌市(さっぽろし)	高松市(たかまつし)	

※ **地方**(ちほう)**裁判所**(さいばんしょ)는 50개 있고 지부는 253개 있다. **家庭**(かてい)**裁判所**(さいばんしょ)도 지방재판소의 숫자만큼 있다.

2 週次

제3강 カタカナ

행 \ 단	a	i	u	e	o
아	阿 ア 아	伊 イ 이	宇 ウ 우	江 エ 에	於 オ 오
카, 까	加 カ 카	幾 キ 키	久 ク 쿠	介 ケ 케	己 コ 코
*(가)	ガ(가)	ギ(기)	グ(구)	ゲ(게)	ゴ(고)
사	散 サ 사	之 シ 시	須 ス 스	世 セ 세	曽 ソ 소
*(자)	ザ(자)	ジ(지)	ズ(즈)	ゼ(제)	ゾ(조)
타, 따	多 タ 타	千 チ 치	川 ツ 츠	天 テ 테	止 ト 토
*(다)	ダ(다)	ヂ(지)	ヅ(즈)	デ(데)	ド(도)
나	奈 ナ 나	二 ニ 니	奴 ヌ 누	祢 ネ 네	乃 ノ 노
하	八 ハ 하	比 ヒ 히	不 フ 후	部 ヘ 헤	保 ホ 호
*(바)	バ(바)	ビ(비)	ブ(부)	ベ(베)	ボ(보)
** 파, 빠	パ(파, 빠)	ピ(피, 삐)	プ(푸, 뿌)	ペ(페, 뻬)	ポ(포, 뽀)
마	万 マ 마	三 ミ 미	牟 ム 무	女 メ 메	毛 モ 모
야	也 ヤ 야		由 ユ 유		与 ヨ 요
라	良 ラ 라	利 リ 리	流 ル 루	礼 レ 레	呂 ロ 로
와	和 ワ 와				遠 ヲ 오
*** ㄴ, ㅁ, ㅇ	无 ン				

1) **カタカナ**는 한자의 일부분(片)을 따서 만든 문자(片名)이다.

2) **외래어**, **의성어**, 또는 **강조**할 때 쓴다. 1945년까지 공문서 표기

연습 カタカナ(가타카나)를 써보세요.

1. カタカナ 쓰기연습 国家(こっか)·国(くに) 이름

America	アメリカ
English	イギリス
Israel	イスラエル
Italy	イタリア
Indonesia	インドネシア
Uzbekistan	ウズベキスタン
Egypt	エジプト
Australia	オーストラリア
Netherlands	オランダ
Canada	カナダ
Cambodia	カンボジア
Greece	ギリシア
Saudi Arabia	サウジアラビア
Switzerland	スイス
Sweden	スウェーデン
Spain	スペイン

Chile	チリ
Denmark	デンマーク
Turkey	トルコ
Germany	ドイツ
Nepal	ネパール
Norway	ノルウェー
New Zealand	ニュージーランド
Hungary	ハンガリー
Pakistan	パキスタン
France	フランス
Finland	フィンランド
Philippines	フィリピン
Vietnam	ベトナム
Venezuela	ベネズエラ
Belgium	ベルギー
Brazil	ブラジル
Peru	ペルー

Mexico	メキシコ
Poland	ポーランド
Portugal	ポルトガル
Malaysia	マレーシア
Mongolia	モンゴル
Yugoslavia	ユーゴスラヴィア
Jordan	ヨルダン
Russia	ロシア

2. カタカナ 읽기연습(오른쪽을 가리고 뜻 추측할 것)

アクト	act
アパート	apartment
インセンティブ	incentive
インターネット	internet
ウイルス	virus
エストッペル	estoppel(禁反言)
オプション	option
カード	card

キャピタル	capital
キャンセル	cancel
クリミナル	criminal
ケース	case
コミ(コミュニケーション)	communication
サッカー	soccer
ジャージー	judge
スキーム	scheme
ゼミ	(독. Seminar)
ダメージ	damage
チェック	check
デジカメ	digital camera
トレード	trade
ドメスティック・バイオレンス (DV)	domestic violence
ドル	dollar
ニーズ	needs
ノウハウ	know-how

ノルマ	(러. norma) 주어진 일의 할당량
ハードディスク	hard disk
バーチャル	virtual
パソコン(パーソナルコンピューター)	personal computer
パテント	patent
パブリシティー	publicity
ファイル	file
プライバシー	privacy
ペーパーレス	paper less
ボーナス	bonus
マネー	money
メール	mail
ラッシュ・アワー	rush hour
リーディング・ケース	leading case
ルール	rule
レシート	receipt
ロースクール	law school

ワーキング　　working

ウォーキング　　walking

3. 비슷한 글자 써보기

ワ	ウ			ア	メ	ノ			
ア	マ			ア	イ	ヌ			
ロ	ス			ス	ヌ	ピ			
ヨ	コ			モ	チ	ト			
ノ	ア			イ	ラ	ク			
コ	ユ			ゴ	リ	ラ			
ヤ	フ			マ	フ	ラ			
ク	タ			ホ	ネ	ト			
ソ	ツ			ミ	シ	ン			

4. fa, fi, fu, fe, fo 쓰는 요령

ファ(hu+la) フィ(hu+li) フ(hu, fu) フェ(hu+le) フォ(hu+lo)
＊( )는 컴퓨터에 입력하는 방법

5. 티 ティ(te+li) 디 ディ(de+li) 즈 ズ(zu)・ヅ(du)

6. ー : er, ar 등의 장음 표시

예 アラート alert サッカー soccer

7. 합성어

예 口(くち)コミ (입+communication의 준말)
소문, 평판 등 입으로 전해지는 것으로
マスコミ (mass communication)처럼 만든 말

예 コピペ (copy and paste)
인터넷상의 공개정보를 그대로 베끼는 것

예 サラ金(きん) (salary man + 金融) 월급쟁이 대상의 高利사채

예 セクハラ (sexual harassment) 성희롱

예 パワハラ (power harassment) 직무상 괴롭힘

예 東証(とうしょう)マザーズ
Market of the high-growth and emerging stocks
동경증권거래소가 1999년에 개설한 벤처기업대상의 주식

예 アパマン (apartment + mansion) 집합주택

8. 카타카나 쓰기연습 ＊( )는 작은 글씨

(1) advice 아도바이스

(2) file 후(아)이루

(3) management 마네－지멘토

(4) media 메데(이)아

(5) down load 다운로－도

(6) policy 포리시－

(7) group 구루－뿌

(8) business 비지네스

(9) free ride 후리－라이도

(10) share 시(에)아

정답

(1) アドバイス (2) ファイル (3) マネージメント (4) メディア
(5) ダウンロード (6) ポリシー (7) グループ (8) ビジネス
(9) フリーライド (10) シェア

9. 독해연습

(1) 今日(こんにち)の 企業(きぎょう)の ヒューマン・リソース管理(かんり)に おいて、セクシュアル・ハラスメントの 防止(ぼうし)が 重要(じゅうよう)な 位置(いち)を 占(し)めて いる ことは、改(あらた)めて いう までも ない。

해석

오늘날 기업의 Human Resource 관리에 있어서 sexual harassment의 방지가 중요한 위치를 차지하고 있는 것은 새삼 말할 필요도 없다.

어구해설

N+の+N : きょう(오늘)の きぎょう(기업)

に おいて 에 있어서

じゅうようだ 중요하다 → じゅうような 중요한

しめる 차지하다 → しめて いる 차지하고 있다

しめて いる+こと 차지하고 있는 것

あらためて 새삼　　いう までも ない 말할 필요도 없다

N+まで 까지　　V기+まで 할 때까지

V기+までも ない ~할 필요도 없다

---

(2) 最近(さいきん) よく 耳(みみ)に する パワー・ハラスメントは、和製(わせい)英語(えいご)である。職務上(しょくむじょう)の 地位(ちい)や 権限(けんげん)を 利用(りよう)した、上司(じょうし) 等(など)に よる 人格(じんかく) 侵害的(しんがいてき)な いじめや 嫌(いや)がらせを 意味(いみ)する。

해석

최근 자주 듣는 'power harassment'는 일본식 영어다.
직무상의 지위나 권한을 이용한 상사 등에 의한 인격침해적인 학대나 괴롭힘을 의미한다.

어구해설

よく 자주, 잘　耳(みみ)に する 듣다　口(くち)に する 먹다
の ~의, 인, 것　に よる ~에 의하다 → に よって ~에 의하여
作(つく)る 만들다　つくられる(수동) → つくられ+た(과거)
と する ~라고 하다 → される(수동) 되다, 여기다
である 이다　や 과, 랑　する 하다 → した 했다(과거)

(3) デット・エクィティ・スワップとは デット(債務)と エクィティ(資本)を スワップ(交換)する ことを いう。

해석

DES라 함은 debt(채무)와 equity(자본)을 swap(교환)하는 것을 말한다.
* DES(Debt Equity Swap) 출자전환, 채무의 주식화

어구해설

~とは V기+ことを いう ~라 함은 ~는 것을 말한다

(4) インターネット上(じょう)の 公開情報(こうかいじょうほう)を 引(ひ)き写(うつ)した だけの「コピー・アンド・ペースト(コピペ)」でないかを チェックする パソコンソフトが 開発(かいはつ)された。

해석

인터넷 상의 공개정보를 베낀 것뿐인 'copy and past(복사&붙임)'이 아닐까를 체크하는 컴퓨터 소프트가 개발되었다.

어구해설

上(じょう) 公開(こうかい) 情報(じょうほう)

引(ひ)き写(うつ)す 베끼다 → ひきうつした(과거)

だけ 뿐 コピー copy アンド and ペースト paste

ではない=でない 아니다 + か 까 チェックcheck する 하다

パソコン personnel computer의 약어 ソフト soft

開発(かいはつ)する 하다 → される 되다 された 되었다

(5) 但シ次ノ数項ニ規定スル場合ハ此ノ限ニ在ラス

→ 但(ただ)し、次(つぎ)の 数項(すうこう)に 規定(きてい)する 場合(ばあい)は 此(こ)の 限(かぎ)りに あらず

해석

다만, 다음의 수항에 규정하는 경우는 예외이다.

어구해설

但(ただ)し 다만 次(つぎ) 다음 場合(ばあい) 경우

この 限(かぎ)りに あらず (= この 限り+ではない)

이 한도가 아니다 = (~의 경우는) 그렇지 않다

※ 옛 표기(1945년까지)에는 탁음, 촉음 등의 표시가 따로 없다.

(6) 善意且無過失ノ第三者ニ対抗スルコトヲ得ス

→ 善意(ぜんい) 且(か)つ 無過失(むかしつ)の 第三者(だいさんしゃ)に 対抗(たいこう)する ことを 得ず

해석

선의, 무과실의 제삼자에게 대항할 수 없다.

어구해설

且(か)つ 또한, 그리고　　V기 + ことを 得(え)ず 할 수 없다

쉬어가는 코너

ファーストフード 패스트푸드 / メニュー 메뉴 / セット 세트

ハンバーガー 햄버거　　チーズバーガー 치즈버거

チキンバーガー 치킨버거　　テリヤキバーガー 테리야끼버거

フライドポテト 후라이드 포테이토　　アップルパイ 애플파이

スモール 스몰 / ラージ 라지

ジュース 쥬스　　コーラ 콜라　　ココア 코코아

ホットコーヒー 핫 커피　　アイスコーヒー 아이스커피

アイスクリーム 아이스크림　　ミルク 우유

セェイク(ストロベリー・チョコレート・バニラ)

쉐이크(딸기・초콜렛・바닐라)

회화연습 ( )안에 메뉴를 쓰고 큰소리로 읽어 보세요.

A：いらっしゃいませ。	어서 오세요.
B：( )セットを ください。	( ) 세트를 주세요.
A：ここで めしあがりますか、 おもちかえりですか。	여기서 드실 건가요? 갖고 가실 건가요?
B：ここで たべます。	여기서 먹을 거예요.

연습 금액 말하기 … 히라가나로 써보세요.

• いくらですか。	얼마입니까?
( )円(えん)です。	( )엔입니다.

① 32

② 57

③ 64

④ 78

⑤ 95

⑥ 16

⑦ 250

⑧ 690

⑨ 874

⑩ 3260

⑪ 1827

⑫ 2059

⑬ 45700

⑭ 27310

⑮ 19508

정답

① さんじゅうに ② ごじゅうしち ③ ろくじゅうよん

④ ななじゅうはち ⑤ きゅうじゅうご ⑥ じゅうろく

⑦ にひゃくごじゅう ⑧ ろっぴゃくきゅうじゅう

⑨ はっぴゃくななじゅうよん

⑩ さんぜんにひゃくろくじゅう

⑪ せんはっぴゃくにじゅうしち

⑫ にせんごじゅうきゅう

⑬ よんまんごせんななひゃく

⑭ にまんななせんさんびゃくじゅう

⑮ いちまんきゅうせんごひゃくはち

2 週次

제 4 강 漢字(かんじ)

법서를 읽을 때는 한자가 많아서 자칫 선입견을 가지고 사전 찾는 노력을 게을리 하기 쉽다. 일본어는 띄어쓰기를 하지 않기 때문에 한자를 어떻게 읽는지, 동사의 기본형이 어떻게 변화된 것인지 모를 때는 엉뚱한 해석이 되기 쉬우므로 한자읽기사전을 활용하여 정확한 뜻과 발음을 익혀야 한다.

예 上記の見解と重なるものがあるといえよう。

→ 上記(じょうき)の 見解(けんかい)と 重(かさ)なる ものが あると いえよう。

해석 상기의 견해와 중복되는 것이 있다고 말할 수 있을 것이다.

어구해설

重(かさ)なる 겹치다　　もの 것　　ある 있다

と いう 라고 말하다 → いえる 말할 수 있다

いえ+よう 말할 수 있을 것이다

예 構成ないし成分を直接もたらす。

→ 構成(こうせい) ないし 成分(せいぶん)を 直接(ちょくせつ) もたらす。

해석 구성 내지 성분을 직접 가져다준다.

어구해설

ないし 내지　　もたらす 초래하다, 가져다주다, 가져다주는

한자 읽는 방법에는 **훈독**(고유발음)과 **음독**(한자발음)이 있다.

대체로 한자단어일 때는 음독으로 읽지만 원칙이 없기 때문에 모두 외울 수밖에 없다.

한자 위에 발음 다는 것을 **후리가나**(振り仮名), 한자 뒤에 따라오는 히라가나를 **오꾸리가나**(送り仮名)라고 한다. 한자는 한자읽기사전에서 부수 찾기, 총획수 찾기, 음 순서로 찾는다.

1. (주로) 한자단어일 때는 음독, 두 단어를 따로 쓸 때는 훈독

예 결격자 欠格者(けっかくしゃ) 결격의 자 欠格(けっかく)の 者(もの)

재판 시 裁判時(さいばんじ) 재판 때 裁判(さいばん)の 時(とき)

살인죄 殺人罪(さつじんざい) 살인의 죄 殺人(さつじん)の 罪(つみ)

한국인 韓国人(かんこくじん) 한국사람 韓国(かんこく)の 人(ひと)

cf) (예외) 전과자 前科者(ぜんかもの)

2. (주로) 한자단어일 때는 음독, 동사로 쓸 때는 훈독

예 被告(ひこく) 피고 被る(こうむる) 손해, 피해 등을 입다

3. 훈독으로만 읽는 한자단어의 경우

예 積立金(つみたてきん) 적립금 申立(もうしたて) 신청 立会(たちあい) 입회

4. 후리가나와 오꾸리가나

예 食(た)べる(먹다)의 た는 振(ふ)り仮(が)名(な), べる는 送(おく)り仮(が)名(な)이다.

cf) 다음과 같이 送り仮名의 원칙이 없으나 '取引'의 경우, 명사일 때는 '取引き'로 표기하고 동사일 때는 '取り引く'로 표기한다.

예 終(お)わる · 終(おわ)る 끝나다

예 取引(とりひき) · 取引(とりひ)き · 取(と)り引(ひ)き 거래

예 申立(もうしたて) · 申立(もうした)て · 申(もう)し立(た)て 신청

5. 훈독, 음독 구별원칙이 없는 한자어휘도 많다

예 人(ひと・じん・にん)

ひと 恋(こい)+人(ひと) → 恋人(こいびと) 애인　　人々(ひとびと) 사람들

じん 法人(ほうじん) 법인　　個人(こじん) 개인

成人(せいじん) 성인　　一般人(いっぱんじん) 일반인

にん 他人(たにん) 타인　　犯人(はんにん) 범인

被告人(ひこくにん) 피고인　　上告人(じょうこくにん) 상고인

예 小(こ・お) · 子(こ)

小(こ)+鳥(とり) → 小鳥(ことり) 작은 새

小(こ)+熊(くま) → 小熊(こぐま) 아기 곰

玉(たま)+子(こ) → 卵(たまご) 계란

cf) 사람 성 小泉(こいずみ)　小林(こばやし)

小沢(おざわ)　小野(おの)

예 御(お・ご・み・おん・ぎょ)

お : 명사, 동사의 i형[10], 형용사 앞에

ご : 주로 한자어 명사 앞에서

み : 神佛, 天皇 등을 높이기 위해

cf) 단어 앞에 접두어로 사용되며 존댓말이거나 아예 단어로 굳어진 것이 많고 주로 お・ご로 읽는 게 일반적이다.

お名前(なまえ) 이름	お名刺(めいし) 명함
お電話(でんわ) 전화	お金(かね) 돈
ご案内(あんない) 안내	ご連絡(れんらく) 연락
ご注意(ちゅうい) 주의	ご馳走(ちそう) 진수성찬
御輿(みこし) 축제가마	御言葉(みことば) 말씀(경전)
御意(ぎょい) 의향	
御社(おんしゃ) 귀사	御中(おんちゅう) 귀중

6. 상용한자[11]를 쓰도록 하는 방침 때문에 한 단어 안에서도 한자와 히라가나를 섞어 쓰는 경우가 있다.

예 漏せつ = 漏えい 누설　　漏泄(ろうせつ)

예 覚せい剤 각성제　　覚醒剤(かくせいざい)

예 がい然性 개연성　　蓋然性(がいぜんせい)

---

10) お+ねがい+します(부탁합니다)처럼 자신의 행위를 낮추거나 お+よみに+なります(읽으십니다)처럼 상대방의 행위를 높일 때 쓰인다.

11) 상용한자는 1945자였는데 2011년부터 2136자로 늘어났다.
그 중 '蓋', '醒' 등은 이전에 상용한자가 아니었다.

7. 두 개 이상의 단어가 복합이 될 때 뒤에 따라오는 단어의 첫 음절이 탁음이 될 때도 있고 안 될 때도 있어서 원칙이 없다.

예 JR 山手線(やまのてせん)의 역 이름

品川(しながわ)	川(かわ) 강
新橋(しんばし)	橋(はし) 다리
神田(かんだ)	田(た) 밭
五反田(ごたんだ)	
田端(たばた)	端(はた) 끝
新宿(しんじゅく)	宿(しゅく) 숙소
原宿(はらじゅく)	
秋葉原(あきはばら)	原(はら) 벌판
渋谷(しぶや)	谷(や・たに) 계곡
鶯谷(うぐいすだに)	
巣鴨(すがも)	鴨(かも) 오리
大塚(おおつか)	塚(つか) 무덤
池袋(いけぶくろ)	袋(ふくろ) 주머니
目白(めじろ)	白(しろ) 하양
目黑(めぐろ)	黒(くろ) 검정
代々木(よよぎ)	木(き) 나무
田町(たまち)	町(まち・ちょう)
浜松町(はままつちょう)	
有楽町(ゆうらくちょう)	
御徒町(おかちまち)	
新大久保(しんおおくぼ)	保(ほ)

쉬어가는 코너

寿司(すし)의 종류

にぎりずし 주먹으로 누른 초밥위에 생선을 얹은 것

ちらしずし 흩어놓은 밥 위에 생선, 야채 얹은 것

いなりずし 유부초밥

鮪(まぐろ) 참치　　とろ 참치의 지방이 많은 부위

赤身(あかみ) 붉은 살코기 참치　　びんとろ 날개 다랑어

いか 오징어　　えび 새우　　こはだ 전어

たい 도미　　いわし 정어리　　ほたて 패주

サーモン・鮭(さけ) 연어　　いくら 연어 알　　しゃこ 갯가재

たこ 문어　　うに 성게　　かに 게

丼(どんぶり)덮밥의 종류

牛丼(ぎゅうどん)　소고기 덮밥

親子丼(おやこどん)　계란, 닭고기덮밥

鰻丼(うなどん)　장어덮밥

회화연습 (　)안에 메뉴를 쓰고 큰소리로 읽어 보세요.

A：何(なに)に なさいますか。　무엇으로 하시겠습니까?
B：(　　)を おねがいします。　(　　)를 부탁합니다.

3 週次

제5강 주요품사

품사의 구분이 왜 중요할까요?

한국말은 형용사, 동사의 어미가 모두 [다]인 반면 일본어는 형용사의 종류(어미가 い인 **い형용사**와 어미가 だ인 **な형용사**)가 두 가지이고 **동사의 어미**는 u, ku, su, tsu, nu, bu, mu, ru의 **u단**으로 끝나기 때문에 변화가 더 다양하다고 할 수 있습니다.

품사의 구분을 확실히 모르면 각각의 긍정, 부정문의 활용을 틀릴 수 있고 한국말의 [유명하다, 필요하다, 공부하다 …]의 '하다'에 해당하는 일본어의 'する'를 무조건 붙이는 오류를 범합니다.

[예쁘다, 필요하다]	な형용사	[きれい+**だ**, ひつよう+**だ**]
[좋다, 나쁘다]	い형용사	[いい, わる**い**]
[공부하다]	동 사	[べんきょう+**する**]

好(この)**む** → 好(この)**み** 좋아함, 기호품 : 명사(N)

좋아하다 : 동사(V) → 好(この)**ましい** 바람직하다 : い형용사(A)

好(す)**きだ**

좋아하다 : な형용사(AN)

本(ほん)**だ**

책 : 명사(N) + だ(이다)

いい (= よい)

좋다 : い형용사(A)

1. 일본어 품사의 활용은 어미로 구분하는 특징이 있다.

예 つかれる　피곤하다 (V)　어미 : u단

예 きれいだ　예쁘다 (AN)　어미 : だ

예 かわいい　귀엽다 (A)　어미 : い

cf) (N) + だ(이다)의 문장은 AN의 서술형과 같다.

예 ほんだ　책이다　ほんではない　책이 아니다

예 きれいだ　예쁘다　きれいではない　예쁘지 않다

cf) 조동사는 어미의 모양대로 활용이 다르다

예 ようだ　~것 같다 (조동사)　어미 : だ
ような　같은
ようではない　같지 않다(아닌 것 같다)

예 たい　~고 싶다 (조동사)　어미 : い
たい　고 싶은
たくない　고 싶지 않다

예 させる　시키다 (동사)　어미 : u단
させたい　시키고 싶다 (る탈락)
させない　시키지 않다

2. 동사 : u단(う く す つ ぬ ぶ む る)으로 끝나며 활용은 세 가지 〈pp.291~299〉

V1 : u단의 어미가 활용할 때 a i u e o 다섯 단으로 바뀐다.

예 よむ (읽다) → よまない・よみます・よむ・よめば・よもう
(2, 3동사를 제외한 모든 동사, 2모양이지만 1동사인 경우도 있다) 〈p.300〉

V2 : iru 또는 eru로 끝나며 어미 ru가 활용할 때 거의 탈락

예 みる (보다)　→　みない・みます・みれば・みよう

예 でる (나가다)　→　でない・でます・でれば・でよう

V3 : 어간, 어미 구분이 없어서 불규칙으로 활용, **두 가지뿐**이다.

예 する(하다) → させる・せしめる・しない・すれば・しよう

예 くる(오다) → こさせる・こない・きます・くれば・こよう

〈p.288〉 3. A(い형용사) : 명사를 수식할 때 어미 い가 바뀌지 않는다.

부사일 때 부정형이 될 때는 く로 변한다. 과거형은 かった

예 はやい(빠르다) → はやい けってい(빠른 결정)

はやく きめる	빨리 결정하다	はやさ	빠르기
はやく ない	빠르지 않다	はやく なる	빨라지다
はやかった	빨랐다		
はやければ	빠르면		

〈p.289〉 4. AN(な형용사) : 명사를 수식할 때 어미 だ가 な로 바뀐다.

부사일 때는 に로 바뀌며 부정형은 다음과 같다. 과거형은 だった

예 たしかだ(확실하다) → たしかな しょうこ(확실한 증거)

たしかに ある	확실히 있다	たしかさ	확실성
たしかではない	확실하지 않다	たしかに なる	확실해 지다
たしかだった(=であった)	확실했다		
たしかであれば(=ならば)	확실하다면		

cf) 한자어휘 + 하다 (AN과 V를 구별할 것)

친절하다 親切(しんせつ)だ (AN) → 친절한 親切な

공부하다 勉強(べんきょう)する (V) → 공부하는 勉強する

5. 명사와 명사는 の로 연결하며 부정형은 AN활용과 같다.

예 駅(えき)の 前(まえ) 역전

土曜日(どようび)の 朝(あさ) 토요일 아침

法(ほう)の ための 研究(けんきゅう) 법을 위한 연구

N + だ(이다)　ほうだ 법이다　→ ほうではない 법이 아니다
AN + だ(하다) すきだ 좋아하다 → すきではない 좋아하지 않다

6. 조동사는 어미의 모양에 따라 AN, A, V활용법칙에 따른다.

◈ AN활용 조동사 ようだ・みたいだ (~것 같다) 등

예 違法(いほう)の ようだ → 違法の ような 行為(こうい)
위법인 것 같다　　　　위법인 것 같은 행위
違法の ように　위법처럼

◈ A활용 조동사 らしい(~것 같다)　ない(부정)　たい(희망) 등

예 弁護士(べんごし)らしい → 弁護士らしい　변호사 같은, 다운
변호사 같다, 답다　　　弁護士らしく　변호사같이, 답게
弁護士らしくない　변호사답지 않다

예 よくない　　좋지 않다 → よくなかった　좋지 않았다

예 行(い)きたい　가고 싶다 → いきたくない　가고 싶지 않다

◈ V활용 조동사　せる(사역)　れる(수동) 등

예 いかせる　가게 하다 → いかせない　안 보내다

예 かかれる　쓰이다　→ かかれない　안 쓰이다

7. A, V는 서술형과 명사 수식이 같다.

V는 현재와 미래가 같으므로 ~て いる(~고 있다) 표현이 많다

예 빠르다　はやい　→ 빠른 결정　はやい けってい
빨랐다　はやかった → 빨랐던 결정　はやかった けってい

예 가다　いく　→ 가는 사람, 갈사람　いく ひと
갔다　いった → 가고 있는 사람　いって いる ひと
간 사람　いった ひと

예시

읽다(V)	읽기(N), 읽으며	읽습니다
読(よ)む	読(よ)み[12]	よみます
팔다	팔기, 팔며	팝니다
売(う)る	売(う)り	うります

연습 뜻을 적고 예시와 같이 바꾸세요.

(1) 会(あ)う

(2) 引(ひ)く

(3) 押(お)す

(4) 立(た)つ

(5) 死(し)ぬ

(6) 呼(よ)ぶ

(7) 飲(の)む

(8) 折(お)る

(9) 切(き)る V1

(10) 着(き)る V2

※ **동사활용**에 대하여 〈p.51, 300〉

---

12) yomu → yomi
u단이 i단으로 바뀌면 명사, 중지형, 희망… 여러 용법이 있는데 공손형인 ます 앞에서도 i단으로 바뀌므로 이런 활용을 **ます형**이라고도 하고 일본문법의 명칭은 **연용형**이라고도 한다.

정답

(1) 会(あ)う 만나다 あい・あいます　cf) 出会(であ)い 만남

(2) 引(ひ)く 끌다 ひき・ひきます　cf) 引上(ひきあ)げ 인상

(3) 押(お)す 밀다 おし・おします　cf) 差押(さしおさ)え 압류

(4) 立(た)つ 서다 たち・たちます　cf) 立(た)ち入(い)り 출입

(5) 死(し)ぬ 죽다 しに・しにます

(6) 呼(よ)ぶ 부르다 よび・よびます　cf) 呼(よ)び出(だ)し 호출

(7) 飲(の)む 마시다 のみ・のみます　cf) 飲物(のみもの) 마실 것

(8) 折(お)る 꺾다, 접다 おり・おります
cf) おり + 紙(かみ) → おりがみ 종이접기

(9) 切(き)る 자르다, 끊다 きり・きります 〈p.300〉
cf) 爪(つめ) 손톱 + きり → つめきり

(10) 着(き)る 입다 着(き)・着(き)ます　cf) 着物(きもの)

好(この)む ——→ このむ + ように なる 좋아하게 되다
좋아하다 : 동사(V)

すきだ ——→ すきに なる 좋아하게 되다
좋아하다 : な형용사(AN)　※ 동사 앞에서 だ가 に로 변함

よい ——→ よく なる 좋아지다
좋다 : い형용사(A)　※ 동사 앞에서 い가 く로 변함

참고 たこやき나 おこのみやき를 드신 적이 있나요?

※ やく(굽다) 동사(V) → やき(구움) 명사(N)
たこ(문어) + やき(구움)
お(접두어) + このみ(좋아함) + やき(구움)

예시

명백하다(AN)	명백한	명백하게
明(あき)らかだ	あきらかな	あきらかに
확실하다	확실한	확실하게
確(たし)かだ	たしかな	たしかに

연습 뜻을 적고 예시와 같이 바꾸세요.

(1) 稀(まれ)だ　*cf)* 珍(めずら)しい

(2) 大事(だいじ)だ　*cf)* 大切(たいせつ)だ

(3) 新(あら)ただ　*cf)* 新(あたら)しい

(4) 速(すみ)やかだ　*cf)* 速(はや)い

(5) 緩(ゆる)やかだ　*cf)* 緩(ゆる)い

(6) 僅(わず)かだ　*cf)* 僅(わず)か

(7) 幸(しあわ)せだ　*cf)* 幸(さいわい)だ

(8) 詳(つまび)らかだ　*cf)* 詳(くわ)しい

(9) 曖昧(あいまい)だ

(10) 不思議(ふしぎ)だ　*cf)* おかしい

정답

(1) 稀(まれ)だ 드물다 まれな・まれに

cf) 珍(めずら)しい 진귀하다 めずらしい・めずらしく

(2) 大事(だいじ)だ 중요하다 だいじな・だいじに

cf) 大切(たいせつ)だ・たいせつな・たいせつに

(3) 新(あら)ただ 새롭다 あらたな・あらたに

cf) 新(あたら)しい・あたらしい・あたらしく

(4) 速(すみ)やかだ 신속하다 すみやかな・すみやかに

cf) 速(はや)い 빠르다 はやい・はやく

(5) 緩(ゆる)やかだ 완만(완화)하다 ゆるやかな・ゆるやかに

cf) 緩(ゆる)い 느슨하다 ゆるい・ゆるく

(6) 僅(わず)かだ 근소하다 わずかな・わずかに

cf) 僅(わず)か 불과 (부사)

(7) 幸(しあわ)せだ 행복하다 しあわせな・しあわせに

cf) 幸(さいわい)だ 다행(행운)이다 さいわいな・さいわいに

(8) 詳(つまび)らかだ 자세하다 つまびらかな・つまびらかに

cf) 詳(くわ)しい・くわしい・くわしく

(9) 曖昧(あいまい)だ 애매하다 あいまいな・あいまいに

(10) 不思議(ふしぎ)だ 이상하다, 신기하다 ふしぎな・ふしぎに

cf) おかしい 이상하다, 웃기다 おかしい・おかしく

예시

젊다, 젊은(A)	젊게, 젊고	젊지 않다
若(わか)い	若(わか)く	わかくない
깊다, 깊은	깊게, 깊고	깊지 않다
深(ふか)い	深(ふか)く	ふかくない

연습 뜻을 적고 예시와 같이 바꾸세요.

(1) 広(ひろ)い

(2) 狭(せま)い

(3) 長(なが)い

(4) 短(みじか)い

(5) 多(おお)い

(6) 少(すく)ない

(7) 厳(きび)しい

(8) 忙(いそが)しい

(9) いい・良(よ)い・宜(よろ)しい

(10) 悪(わる)い

정답

(1) 広(ひろ)い 넓다 ひろく・ひろくない

cf) 広義(こうぎ) 광의(넓은 뜻)

(2) 狭(せま)い 좁다 せまく・せまくない

cf) 狭義(きょうぎ) 협의

(3) 長(なが)い 길다 ながく・ながくない

cf) 長所(ちょうしょ) 장점

(4) 短(みじか)い 짧다 みじかく・みじかくない

cf) 短所(たんしょ) 단점

(5) 多(おお)い 많다 おおく・おおくない

cf) 多(おお)かれ少(すく)なかれ 많든 적든

(6) 少(すく)ない 적다 すくなく・すくなくない

cf) 多少(たしょう) 다소

(7) 厳(きび)しい 엄하다 きびしく・きびしくない

cf) 厳守(げんしゅ) 엄수

(8) 忙(いそが)しい 바쁘다 いそがしく・いそがしくない

cf) 多忙(たぼう) 다망

(9) いい・良(よ)い・宜(よろ)しい 좋다 よく・よくない

* いい=よい (뜻은 같지만 활용은 よい만 한다)

* よろしい 공손한 말

(10) 悪(わる)い 나쁘다 わるく・わるくない

cf) 善悪(ぜんあく) 선악

3 週次

제6강 중지형

1. N·AN + で·であり·であって 이고, 이며(하고, 하며)

예 だ·である 이다 → 検察官(けんさつかん)で 검사이며
検察官であり 검사이고, 검사이며
検察官であって 검사이어서, 검사이며

연습 1 아래 단어를 위 예와 같이 고치시오.

(1) 不法行為(ふほうこうい) 불법행위 : 명사(N)

①

②

③

(2) 明(あき)らかだ 명백하며 : な형용사(AN)

①

②

③

정답

(1) ① 不法行為で ② 不法行為であり ③ 不法行為であって

(2) ① 明らかで ② 明らかであり ③ 明らかであって

2. A+く·くて 고, 며, 서

예 多(おお)い 많다 → おおく 많고, 많으며
おおくて 많고, 많아서

연습 2 아래 단어를 위 예와 같이 고치시오.

- 著(いちじる)しい 현저하다

정답
- 著しく · 著しくて

3. 동 사

◈ V1 u → i 또는 て 법칙 〈p.63〉

예 当(あた)る → 위법행위에 해당하며
違法行為(いほうこうい)に あたり
違法行為に あたって

◈ V2 → る탈락 또는 て

예 設(もう)ける → 마련하고 もうけ
もうけて

예 認(みと)める → 인정하고 みとめ
みとめて

◈ V3 する → し 또는 して
くる → き 또는 きて

예 成立(せいりつ)する → 성립하고 成立し
成立して

예 犯人(はんにん)が くる → 범인이 오고　犯人が **き**
犯人が **きて**

연습　두 가지 유형으로 만들 것

(1) よる　의하다

(2) 及(およ)ぶ　미치다

(3) 行(おこな)う　행하다

(4) 述(の)べる　말하다, 설시하다

(5) 前提(ぜんてい)とする　전제로 하다

정답

(1) よる → より・よって

(2) およぶ → および・およんで

(3) おこなう → おこない・おこなって

(4) のべる → のべ・のべて

(5) ぜんていとする → ぜんてい+とし・として

て(고) た(과거) たら(면, 더니) たり(거나, 다가)

※ 음편(音便)이란 발음을 좋게 하기 위하여 V1 **중에서** く, ぐ, す, う, つ, る, ぬ, む, ぶ의 어미로 끝날 경우, 다음과 같이 세 가지 형태로 바뀐다.

(1) く → いて (예외 行(い)く → 行(い)って) ぐ → いで

예 かく 쓰다 → かいて、かいた、かいたら、かいたり

예 いそぐ 서두르다 → いそいで、いそいだ、いそいだら、いそいだり

(2) う・つ・る → って

예 かう 사다 → かって、かった、かったら、かったり

예 まつ 기다리다 → まって、まった、まったら、まったり

예 うる 팔다 → うって、うった、うったら、うったり

(3) ぬ・む・ぶ → んで

예 しぬ 죽다 → しんで、しんだ、しんだら、しんだり

예 よむ 읽다 → よんで、よんだ、よんだら、よんだり

예 あそぶ 놀다 → あそんで、あそんだ、あそんだら、あそんだり

★ 나머지

동사(す → して, V2 ru 탈락, V3 して / きて), A/AN 아래 참조

예 はなす 이야기하다 → はなして、はなした、はなしたら、はなしたり

예 みる 보다 → みて、みた、みたら、みたり

예 する 하다 → して、した、したら、したり

예 よい 좋다 → よくて、よかった、よかったら、よかったり

예 すきだ 좋아하다 → すきで、すきだった、すきだったら、すきだったり

(4) て 응용문

① て から ~고 나서(=て、それから ~고 그리고 나서)

예 いう → いって から 말하고 나서

cf) た+から 했으니까 : 과거문+이유

예 いう → いったから 말했으니까

② て いる(=て おる)[13] ~고 있다 て おり ~고 있고

예 いう → いって いる 말하고 있다
いって いた 말하고 있었다
いって おり 말하고 있고
いって おらず 말하고 있지 않고

③ て ください ~해 주세요

예 いう → いって ください 말해주세요

④ て ほしい(=て もらいたい) ~해주기 원하다
て いただきたい 〈더욱 공손한 표현〉

예 いう → いって ほしい 말해주기 바라다
いって もらいたい 말해주기 바라다
いって いただきたい 말해주시기 바라다

⑤ て あげる (내가 남에게) 해드리다, 주다
て やる (내가 남에게) 해주다 〈손아랫사람〉

예 いう → いって あげる 말해드리다
いって やる 말해주다

---

13) おる는 구어체에서 いる의 겸양어로 쓰이지만 문어체는 いる와 똑같은 뜻이다. 중지법일 땐 いる의 변형을 쓰지 않고 おる의 변형 おり을 쓴다.
おる → おら+ず(부정형) 〈p.107〉 참조
ex) 말하고 있고 いって い(×) → いって おり(○)

⑥ て くれる (남이 내게) 해주다
て もらう (내가 남에게) 해서 받다

예 かう → かって くれる 사주다 = かって もらう 사서 받다

참고 **下(くだ)さる** (존대) · **いただく** (겸양)

- 존대 : (年上(としうえ)の人(ひと)が) して 下(くだ)さる (손윗사람이) 해 주시다
- 겸양 : (年上(としうえ)の人(ひと)に) して いただく (손윗사람에게) 해서 받다

※ 일본인은 남이 나에게 뭔가 해줬을 때 혜택을 받았다고 생각하므로 **もらう**나 **いただく**(もらう의 겸양)표현을 자주 쓴다.

⑦ て 下(くだ)さる (손윗사람이) 해 주시다
て いただく (손윗사람에게) 해서 받다

예 かう 사다
かって くださる = かって いただく 사주시다

예 人に して もらいたい と思う ことを 人に しなさい。
남에게 해 받고 싶다고 생각하는 것을 다른 사람에게 하세요.

연습 위 ⑤~⑦의 문형으로 작문해 보세요.

- **教(おし)える** 가르치다

(1) あげる → 형(兄)에게 가르쳐 주다
(2) やる → 동생(弟)에게 가르쳐 주다
(3) くれる → 친구(友達)가 가르쳐 주다
(4) もらう → 친구(友達)에게 가르쳐 받다
(5) くださる → 선생님(先生)이 가르쳐 주시다.
(6) いただく → 선생님(先生)에게 가르쳐 받다

정답

(1) **兄**(あに)に おしえて **あげる**
(2) **弟**(おとうと)に おしえて **やる**
(3) **友達**(ともだち)が おしえて **くれる**
(4) **友達**(ともだち)に おしえて **もらう**
(5) **先生**(せんせい)が おしえて **くださる**
(6) **先生**(せんせい)に おしえて **いただく**

⑧ ても いい ～도 된다　　ても いいです ～도 됩니다

예 使(つか)う 사용하다 → つかっても いい　사용해도 된다
つかっても いいです 사용해도 됩니다

⑨ ては　いけない → (공손) ては　いけません
ては　ならない → (공손) ては　なりません
～서는 안 된다 → ～서는 안 됩니다

예 つかう 사용하다 → つかっては いけない　사용해서는 안 된다
つかっては いけません

⑩ なくては いけない(= なければ いけない) 〈p.104〉
なくては ならない(= なければ ならない) = なくちゃ
～지 않으면 안 된다(해야 된다)

예 つかう 사용하다 → つかわない　사용하지 않는다
つかわなくては ならない　사용해야 한다
つかわなければ ならない

⑪ て しまう 해 버리다(= ちゃう)

예 つかう 사용하다 → つかって しまう　사용해 버리다

⑫ て おく 해 두다(= とく)

예 つかう 사용하다 → つかって おく　사용해 두다

⑬ て はじめて ~고 비로서

예 つかう 사용하다 → つかって はじめて　사용하고 비로서

⑭ て くる = て いく　점차 ~ 되어 간다

예 最近(さいきん)の弁護士(べんごし) 業界(ぎょうかい)の問題(もんだい)となって きた。
최근의 변호사업계의 문제로 되어 왔다(문제가 되었다).

■ 각 품사별 긍정, 부정

품사	보통체 (긍정/부정)		공손체 (긍정/부정)	
N	法だ 법이다 法ではない 법이 아니다	法だった 법이었다 法ではなかった 법이 아니었다	法です 법입니다 法ではありません 법이 아닙니다	法でした 법이었습니다 法ではありませんでした 법이 아니었습니다
AN	好きだ 좋아하다 すきではない 좋아하지 않다	好きだった 좋아했다 すきではなかった 좋아하지 않았다	好きです 좋아합니다 すきではありません 좋아하지 않습니다	好きでした 좋아했습니다 好きではありませんでした 좋아하지 않았습니다
A	いい・よい 좋다 よくない 좋지 않다	よかった 좋았다 よくなかった 좋지 않았다	いいです 좋습니다 よくないです 좋지 않습니다	よかったです 좋았습니다 よくなかったです 좋지 않았습니다
	a 형 〈p.104〉	V た형 〈p.63〉	i 형 〈p.113〉	i 형 〈p.113〉
V1	読む → よまない	読んだ → よまなかった	読みます → よみません	読みました → よみませんでした
V2	見る → みない	見た → みなかった	見ます → みません	見ました → みませんでした
V3	する → しない くる → こない	した → しなかった きた → こなかった	します → しません きます → きません	しました → しませんでした きました → きませんでした

■ 지 시 어

이 この 그 その 저 あの 어느 どの
이것(들) これ(ら) 그것 それ 저것 あれ 어느 것 どれ

지금부터 これから 지금까지 これまで
그리고나서 それから 그렇지 않으면 それとも
거기서, 그래서 そこで

여기 ここ[14] 거기 そこ 저기 あそこ 어디 どこ
이쪽 こちら 그쪽 そちら 저쪽 あちら 어느 쪽 どちら
이렇게 こう 그렇게 そう 저렇게 ああ 어떻게 どう

이러한 このような・こうした・こういう (口)
かかる・かような (文)
그러한 そのような・そうした・そういう
저러한 あのような
어떠한 どのような・どういう (口) いかなる (文)

이와 같이 このように (口) 斯(か)くの如(ごと)く (文)
그와 같이 そのように 저와 같이 あのように
어떻게 どのように 어떻게, 얼마나, 아무리 (文) いかに

어느 쪽 (文) いずれ 어느 쪽인가 いずれか 어느 쪽도(모두) いずれも

cf) いずれ・いずれにしろ・いずれにせよ・いずれにしても
어쨌든

14) ここ数年(すうねん) 요 몇 년

■ 인칭대명사

나 私(わたし)・僕(ぼく)・俺(おれ)
너 君(きみ)・お前(まえ)
당신 あなた
우리들 私達(わたしたち) (口)
我等(われら)・我々(われわれ) (文)

자신 自分(じぶん) 스스로 自(みずか)ら
cf) 자연히 自(おの)ずと

그 彼(かれ) 그녀 彼女(かのじょ)
그들 彼(かれ)ら・彼女(かのじょ)ら

■ 반복글자

각각 其々(それぞれ)・各々(おのおの)
기껏해야 高々(たかだか)・精々(せいぜい)
많은 多々(たた)
점점 段々(だんだん)・益々(ますます)
따로따로 別々(べつべつ)
때때로 時々(ときどき)
우연히 偶々(たまたま)
여러 가지 種々(しゅじゅ)・様々(さまざま)・色々(いろいろ)
区々(まちまち)・諸々(もろもろ)
원래 元々(もともと)
일일이 一々(いちいち)

■ 조 사

> **참고** ※ 다음의 동사가 올 때는 한국어와 다르게 쓰므로 주의
>
> ~를 만나다, 타다, 닮다
> **に** 会(あ)う・乗(の)る・似(に)る
>
> ~를 좋아하다, 할 수 있다(가능동사), 갖고 싶다, ~고 싶다
> **が** 好(す)きだ・できる・ほしい・Vi + たい

연습 사전에서 예문 두 개씩 찾아 쓰세요.

- は 은, 는

- が (口) 명사 + が (이, 가) 문장 + が (이지만, 인데) *cf)* けれど

  예 私(わたし)が 田中(たなか)です。 제가 다나카입니다.
  私(わたし)が 田中(たなか)ですが、 제가 다나카입니다만,

  (文) 의

  예 我(わ)が国(くに)나의 나라
  君(きみ)が代(よ) 그의 시대 (国歌 이름)

- か 까

  cf) ~かどう**か** 인지 어떤지
  ~かいな**か** 인지 아닌지
  いずれ**か** 어느 쪽인지
  ~**か**も しれない 〈p.109〉 ~일지도 모른다
  そういうこと だろう**か** 그러하다는 것일까

- の 의, 인, 것, 이/가

  cf) 被害者(ひがいしゃ)**の** 受(う)けた 損失(そんしつ)
  피해자**가** 입은 손실

- のみ 만 (= だけ・ばかり)

  cf) **のみ**ならず **뿐만** 아니라
  だけで(は)なく 〃
  ばかりで(は)なく 〃

- しか ~ない 밖에 ~아니다(없다)

- を 을, 를

  cf) ~をして ~로 하여금

- も 도

  cf) いずれも 어느 쪽이나, 모두
  숫자 + も ~이나 (강조)

- と 과, 라고 〈p.77〉

- とか 라든지 ともすると = ともすれば 자칫하면

- ども 라도

- といえども(=とはいえ) 라고는 해도
- に 에, 에게 (시간, 장소, 사람)
- へ 에, 으로
- で 에서(장소), 로(수단)
- でも 에서도, 라도
- では 에서는, 그러면 (=それでは)
- や (口) 와, 랑 (文) 까 〈p.177〉
- より ~보다(비교급), ~로부터(文)
- から 부터(=より), 이니까 (N/AN+だ, A/V 기본형에 접속)

cf) ソウルから 서울부터
ソウルだ+から 서울이니까 べんりだ+から 편리하니까
いい+から 좋으니까 いく+から 가니까

- まで 까지
- すら(さえ) 조차, 만

- なり 든

- など 등

> 참고 ※ 일본어 조사는 두 개를 겹쳐 쓸 때가 있다.
> をも 도　　両方(りょうほう)とも 양쪽 모두
> へも 에도　　への ~에의, ~에 대한

■ に + 접속어

- に おいて ~에 있어서, 에서, 가
  cf) おける + (N) 있어서의

- に ついて・つき ~에 대하여
  cf) ついての + (N) 대한

- に とって (사람, 사항) ~에게 있어서

- に よって・より ~에 의하여, 따라
  cf) に よれば・よると ~에 의하면

- に 加(くわ)えて・ちなみに ~에 덧붙여

- に 鑑(かんが)みる ~에 비추어보다, ~을 감안하다
  cf) 照(て)らす・徴(ちょう)する

- に 係(かか)る ~에 관련되다

  cf) 関(かか)わる・係(かか)わる・拘(かか)わる

- に 過(す)ぎない ~에 지나지 않다

  cf) 止(とど)まる

- に 関(かか)わらず ~에 상관없이

- にも 拘(かか)わらず ~에도 불구하고

- に 亙(わた)って・亙り ~에 걸쳐

  cf) 亘(わた)って

- に 基(もと)づいて・基づき ~에 근거하여

  cf) 即(そく)して・踏(ふ)まえて

- に 当(あた)って・当たり ~할 때

  cf) 際(さい)して・上(うえ)・時(とき)

- に 対(たい)して ~에 대하여, 와 반대로

- に 代(かわ)って ~을 대신하여

- に 伴(ともな)って ~에 수반하여, 동반하여

  cf) と共(とも)に・併(あわ)せて・相俟(あいま)って

- に 先立(さきだ)って・先立ち ~에 앞서

  cf) 前(まえ)もって

- に 違(ちが)いない ~에 틀림없다
- に 際(さい)して ~할 때
- に 従(したが)って ~에 따라서

  cf) 沿(そ)って・則(のっと)って・応(おう)じて

- に 即(そく)して ~에 입각하여
- に 止(とど)まる (vi)・止める (vt) ~에 멈추다
- に すぎない ~에 지나지 않다
- に 限(かぎ)って ~에 한하여
- と 共(とも)に ~과 함께

- とは いえ 그렇다고는 하지만

  cf) もっとも・ものの・ただし

- を 踏(ふ)まえて ~를 토대로
- を 巡(めぐ)って ~를 둘러싸고
- を 以(もっ)て ~로써

심 화 학 습

■ と

1. 被告(ひこく)と原告(げんこく)　피고와 원고

被告と原告との　피고와 원고의

2. 相続人(そうぞくにん)と なる[15]　상속인이 된다, 되는

相続人と なると　상속인이 되면

相続人と なりうる ↔ と なりえない

~이 될 수 있다　~이 될 수 없다

3. 保険法(ほけんほう)とは ~を いう。

보험법이라 함은 …을 말한다.

保険法との法律(ほうりつ)　보험법이라고 하는 법률

4. として

原則(げんそく)として　원칙적으로

結論(けつろん)として　결론적으로, 결론으로써

不当(ふとう)として　부당하다고 하여

不当(ふとう)とし　〃

再生(さいせい)手続(てつづ)きに 参加しよう + と する

재생절차에 참가하려고 하려고 한다

5. 부사와 함께 쓰는 경우

ゆっくりと　천천히　はっきりと　확실히

おのずと　저절로, 자연히

6. 문장의 병렬

判事であろうと検事であろうと　판사이든 검사이든

---

15) ~이 되다 と なる = に なる ~이 되는(한국어는 뒤에 명사가 올 때 동사의 어미가 바뀌지만 일본어는 현재, 미래시제일 때 기본형으로 꾸민다)
~이 되는 사람, 될 사람 : と なる 人　~된 사람 : と なった 人

4 週次

제7강 서술보어

N이다 · AN하다 (だ), A다 (い), V다 (u단)

명사(N) · な형용사(AN)의 서술보어는 だ(조동사)인데 논문이나 사설형식에는 주로 である가 많이 쓰이며 문어체 たり · なり가 변형된 문장도 가끔 있으므로 활용을 잘 익혀야 한다.

형용사(A) · 동사(V)는 기본형과 서술형이 같으므로 이 과에서는 다루지 않는다.

~이다	だ ・である・たり・なり
~인	(×)・である・たる・なる
~인 점, 일 것	であること
~(것)이다	(の・もの・こと・はず・わけ) + だ
	N/AN＋なのだ(= なんだ), A/V+のだ(= んだ)
cf) (조사) + 있다	(が 이・も 도・に 에・で 에서) + ある

예 重要(じゅうよう)な テーマ**である**。　중요한 테마이다.

예 時(とき)は 金(かね)**なり**。(文)　시간은 돈이다.

예 初(はじ)めての判決(はんけつ)**である**。(= 判決なのだ)
첫 판결이다.

cf) 上告審判決が 最高裁大法廷である。
상고심판결이 대법원 대법정에서 있다.

예 直系尊属(ちょっけいそんぞく)が 被害者(ひがいしゃ)**である** 場合(ばあい)
= 直系尊属が 被害者**たる** 場合 (文) 직계존속이 피해자인 경우

예 資本金(しほんきん)が 一億円以上(いちおくえんいじょう)**である** こと
자본금이 1억 엔 이상일 것

예 最(もっと)も 妥当(だとう)な 結論(けつろん)に 到達(とうたつ)する **はずである**。 가장 타당한 결론에 도달할 것이다.

예 確認(かくにん)された **わけである**。 확인된 것이다.

예 これを 有効(ゆうこう)**ならしめる** ために (文)
(なり → なら+しめる 문어체 사역) 이를 유효하게 하기 위하여
cf) なり=たり → たら+しめる+ために 〈p.88〉

예 弁護士(べんごし)**たりうる** 条件(じょうけん) (文)
(たり+うる ~수 있다) 변호사일 수 있는 조건

예 この人(ひと)が 被害者(ひがいしゃ)+**なのだ** 이 사람이 피해자인 것이다.
= ひがいしゃ + **なんだ**[16] (口)

예 被害(ひがい)が 大(おお)きい+**のだ** 피해가 큰 것이다
= おおきい + **んだ** (口)

16) 회화에서 'の' 대신에 'ん'으로 바꿔 말하기도 한다.

~이며	で (であり・であって)

예 刑法上(けいほうじょう)の 保護(ほご)に 値(あたい)する もので、

형법상 보호할 만한 것이며

예 元理事(もとりじ)であり 創立者(そうりつしゃ)である 訴外人(そがいにん)の 支配(しはい)する 会社(かいしゃ)

전 이사이며 창립자인 소외인이 지배하는 회사

예 全(すべ)て 国民(こくみん)は、法(ほう)の下(もと)に 平等(びょうどう)であって

모든 국민은 법아래 평등하며

~이지만	であるが
~이기는 하지만	ではあるが
~이기도 하다	でもある

예 細(こま)かい注意点(ちゅういてん)ではあるが 자잘한 주의점이기는 하지만

~인지	であるか

예 有償(ゆうしょう)であるか 無償(むしょう)であるか 問(と)わない。

유상인지 무상인지 불문한다. ※ 問(と)う → とわ＋ない (부정)

~이든 ~이든	であれ ~であれ・であろうと ~であろうと なり ~なり・にしろ ~にしろ・にせよ ~にせよ

예 私人(しじん)であれ、公務員(こうむいん)であれ、 사인이건 공무원이건

예 電気(でんき)であろうと 化学(かがく)であろうと 전기이든 화학이든

예 特別(とくべつ)な 理由(りゆう)なり 条件(じょうけん)なり 특별한 이유이든 조건이든

예 自然人(しぜんじん)にしろ 団体(だんたい)にしろ、 자연인이든 단체이든

예 生産(せいさん)にせよ 譲渡(じょうと)にせよ、 생산이든 양도이든

~가 아니다	で(は)ない
~는 아닌가?	で(は)ないか
~는 아니고	で(は)なく

예 被害者(ひがいしゃ)ではない。(= でない) 피해자가 아니다.

예 合理的(ごうりてき)な 根拠(こんきょ)に 基(もと)づいた もの でないか、

합리적인 근거에 기초한 것이 아닌지

예 形成可能性(けいせいかのうせい)を 与(あた)える もの として ではなく、

형성가능성을 부여하는 것으로서가 아니고

예 殺人を 犯した者も 常に 死刑に なる **わけ ではない**

살인을 범한 자도 항상 사형이 되는 것은 아니다.

＊ になる ~이 되다　　わけ 것 〈p.87〉

cf) **~は なく** ~은 없고

예 意思の 合致が 存した **ことは なく**、

의사의 합치가 존재한 적은 없고

~이기도 하고 ~이기도 하다　**でもあり ~でもある**

~도 ~도 아니다　**でも ~でもない**

예 独立の問題**でもあり**、互いに関連するもの**でもある**。

독립된 문제이기도 하고 서로 연관된 것이기도 하다.

예 裁判官**でも** 検察官**でもない**。　판사도 검사도 아니다.

~였다　**だった**(であった)

~이었지만　**だったが**(であったが)

~라도　**でも**(であっても・たりとも・なりと・であるにせよ)

~이긴 해도　**ではあるが**　　~이긴 하지만　**ではあっても**

~일 것이다　**だろう**(であろう)

~일까 **だろうか**(であろうか) ↔ ~아닐까 **ではなかろうか**

예 学説(がくせつ)の 指摘(してき)する ところ**であった**。 학설이 지적하는 바였다.

예 何(なん)**なりと**(何(なん)**でも**) 무엇이나

예 間接(かんせつ)**ではあっても**、必要(ひつよう)なもの**である**。

간접적이기는 해도 필요한 것이다.

~이므로	
だから(であるから・であるがゆえに・なので・であるので)	
~인데도	であるのに (なのに)
~라면	であれば (ならば)

예 本来(ほんらい)の 目的(もくてき)とする もの**であるから**、

본래의 목적으로 하는 것이므로

예 人(ひと)が 人(ひと)**であるがゆえに** 当然(とうぜん)に もつ 権利(けんり)

사람이 사람이기 때문에 당연히 갖는 권리

(文) 故(ゆえ) 이유, 까닭　　が (文) ~의 〈p.71〉

예 不合理(ふごうり)**であるのに (なのに)** 불합리한데도

예 合理的根拠(ごうりてきこんきょ)**であれば** 합리적 근거라면

cf) 合理的根拠(ごうりてきこんきょ)が **あれば** 합리적 근거가 있으면

~가 아니면 안 된다 (이어야한다)	でなければ ならない
~(가) 없으면 안 된다 (있어야 한다)	(が)なければ ならない

cf) 있다 : 사람 いる　　물건 ある
　　없다 : 사람 いない　물건 ない

예 物(もの)でなければ ならない　　물건이 아니면 안 된다

예 物(もの)が なければ ならない　　물건이 없으면 안 된다

예 人(ひと)でなければ ならない　　사람이 아니면 안 된다

예 人(ひと)が いなければ ならない　　사람이 없으면 안 된다

연습 아래의 문장을 일본어로 바꾸세요.

(1) 이 종이(かみ)가 돈(かね)이어야 한다.

(2) 지갑(さいふ)에 돈이 있어야 한다.

정답

(1) この紙(かみ)が 金(かね)でなければならない

(2) 財布(さいふ)に お金(かね)が なければならない

것 (の・もの・こと・はず・わけ・ところ)

■ の (N・ANなの, A・V기+の)

大変(たいへん)なのは　　힘든 것은

面白(おもしろ)いのは　　재미있는 것은

弁論(べんろん)するのは　　변론하는 것은

■ 物(もの) 사항, 물건・者(もの) 사람

예 内容(ないよう)が 一定(いってい)でない ものも ある
내용이 일정하지 않은 것도 있다.

예 役員(やくいん)とは 法令(ほうれい)に 基(もと)づいて 置(お)かれた ものを いう。
임원이라 함은, 법령에 근거하여 고용된 자를 말한다.

■ 事(こと)

V기＋ことが ある(↔ ない)	~는 경우가 있다 (없다)
Vた＋ことが ある(↔ ない)	~한 적이 있다 (없다)
V기＋ことが できる	~할 수 있다
V기＋ことが わかる	~란 것을 알 수 있다
V기＋ことに する	~기로 하다 (방침)
V기＋ことに なる	~기로 되다 (결정), ~게 되다 (결과)

V기＋ことから すると(すれば) (~한) 점에서 보면

V기＋ことに よって (~함)으로서

V기＋ことなく ~지 않고

예 争(あらそ)う ことが ある。 다툴 때가 있다.

예 法廷(ほうてい)で 争(あらそ)った ことが ある。
법정에서 다툰 적이 있다.

예 訴(うった)える ことが できる。 호소할 수 있다.

예 証拠(しょうこ)を 持(も)って いる ことが わかる。
증거를 갖고 있는 것을 알 수 있다.

예 自由(じゆう)な 商行為(しょうこうい)を 妨害(ぼうがい)する ことに なる。 자유로운 상행위를 방해하게 된다.

예 取調(とりしら)べる ことに した。 취조하기로 했다.

예 引(ひ)き出(だ)した ことから すると 인출한 점에서 보면

예 処罰(しょばつ)する ことなく 처벌하지 않고

■ 筈(はず) 으레 그럴 것이라고 예측 되는 것

V기＋**はずが ない** ~ㄹ・리가 없다

예 証人(しょうにん)が 来(く)る **はずだ**。 증인이 올 거다.

예 嘘(うそ)を つく **はずが** ない。 거짓말할 리가 없다.

■ 訳(わけ) 이유, 당연한 결과

V기 + **わけには いかない** 그럴 수는 없다.

예 実際(じっさい) 見(み)た **わけ** ではない。 실제로 본 것은 아니다.

예 試験(しけん)が あるので 休(やす)む **わけ**には いかない。
시험이 있으니까 쉴 수만은 없다.

cf) 申(もう)し訳(わけ)ありません 죄송합니다, 면목 없습니다.

■ 所(ところ) ～인 바, ～인데

예 上告(じょうこく)した **ところ**、상고한 바(= 상고했는데),

예 お忙(いそが)しい **ところ**、わざわざ ありがとうございます。
바쁘신데 일부러(신경써주셔서) 감사합니다.

■ 그 밖의 다양한 표현

ところで 그런데: 화제전환 ところが 그런데: 예상 밖

N/V기+どころか ～는커녕 Vた+ところで ～했다고 하더라도

V기+ところ ～하려는 참

예 今(いま) でかける ところです 지금 나가려는 참입니다.

Vた+ところ(= た ばかり) 방금 ～했다, ～한지 얼마 안 되다

예 裁判(さいばん)が 終(お)わった ところです 재판이 막 끝났습니다.

4 週次

제 8 강 동사활용 (a) 사역·수동·부정

제7강부터 제10강까지는 V1의 어미변화 (a i u e o 단) 순서에 따라 목차를 정했다. 사역, 수동, 부정의 조동사가 올 때는 어미가 a단(わ · か · さ · た · な · ば · ま · ら)[17]으로 바뀐다. 〈V2, V3은 아래표 참조〉

1. 사역이란

사 역	V1 u → a + せる (文) a + しむ (しめる) V2 ru 탈락 + させる V3 する → さ + せる くる → こ + させる (文) せ + しむ (せ + しめる) 有す→有せ+しめる 生ず→生ぜ+しめる

(1) ~에게(に) ~를(を) ~하게 하다, 시키다

예 供述書(きょうじゅつしょ)を 書(か)く 진술서를 쓰다

→ 供述書(きょうじゅつしょ)を **書かせる** 진술서를 쓰게 하다

→ 被告人(ひこくにん)に 供述書を **書かせる**

피고인에게 진술서를 쓰게 하다

17) う의 옛날 발음은 wu였기 때문에 あ가 아니고 **わ**로 바뀐다.

예 あう → あ**わ**せる·あ**わ**れる·あ**わ**ない ＊ ああせる (×)

고어 ふ로 끝나는 동사는 모두 **う단 활용**

예 思ふ → おも**わ**せる·おも**わ**れる·おも**わ**ない

예 日本語(にほんご)で 読(よ)む　　일본어로 읽다
→ (口) にほんごで **よませる**　　일본어로 읽게 하다
(文) にほんごで **よましめる**

예 そばに いる　　곁에 있다
→ そばに い**させる**　　곁에 있게 하다

예 死亡(しぼう)する　　사망하다
→ (口) しぼう**させる**　　사망하게 하다
(文) しぼう**せしむ**・しぼう**せしめる**

예 資料(しりょう)を もって くる　　자료를 갖고 오다
→ しりょうを もって **こさせる**　　자료를 갖고 오게 하다

(2) 격식을 차리거나 공손하게 말할 때 자기가 하는 행위를 '사역형＋て＋貰(もら)う·頂(いただ)く 받다'로 표현

예 読(よ)む　　읽다
→ よま**せて いただきます**　　읽겠습니다

예 考(かんが)える　　생각하다
→ かんがえ**させて ください**　　생각하게 해 주세요

예 そう する　　그렇게 하다
→ そう **させて いただきます**　　그렇게 하겠습니다

연습 조사를 넣어 사역형 문장 만들어 보세요.

(1) 真実(しんじつ), 言(い)う → 진실을 말하게 하다

(2) 法廷(ほうてい), 行(い)く → 법정에 가게 하다

(3) 書類(しょるい), 出(だ)す → 서류를 제출하게 하다

(4) 被疑者(ひぎしゃ), 待(ま)つ → 피의자를 기다리게 하다

(5) 子供(こども), 遊(あそ)ぶ → 아이와 놀게 하다

(6) 記録(きろく), 読(よ)む → 기록도 읽게 하다

(7) 椅子(いす), 座(すわ)る → 의자에 앉히다

(8) 早(はや)い, 帰(かえ)る → 일찍 귀가시키다

(9) 尋問(じんもん), 受(う)ける → 심문을 받게 하다

(10) 単語(たんご), 覚(おぼ)える → 단어를 외우게 하다

(11) 速(すみ)やかだ, 捜査(そうさ)する → 신속하게 수사하게 하다

(12) 証人(しょうにん), 来(く)る → 증인을 오게 하다

정답

(1) 真実を言わせる (2) 法廷へ行かせる (3) 書類を出させる
(4) 被疑者を待たせる (5) 子供と遊ばせる (6) 記録も読ませる
(7) 椅子に座らせる (8) 早く帰らせる (9) 尋問を受けさせる
(10) 単語を覚えさせる (11) 速やかに捜査させる
(12) 証人を来(こ)させる

2. 수동이란

수 동	V1 u → a + れる V2 ru 탈락 + られる V3 する → される くる → こられる

※ V1은 수동, 존경의 뜻으로, V2는 수동, 존경〈p.100〉, 가능의 뜻으로 쓰이기 때문에 전후 문맥에 따라 해석해야 한다.

(1) 다른 사람의 행위가 나에게 미치는 것

예 よむ → よ**まれる** (읽다 → 읽히다)

예 だます → だま**される** (속이다 → 속다)

(2) 타인의 행동이 부정적으로 나에게 미치는 것

예 先生**が** 怒(おこ)る → 先生**に** 怒**られる**

(선생님이 화내다 → 해석은 동일)

(3) 존대말

예 貴社(きしゃ)が 質疑(しつぎ)する → される → **された**件

(귀사가 질의하신 건) *cf)* される = なさる 하시다

(4) V2의 경우는 수동형으로 가능형도 겸해서 쓴다.

예 認(みと)める → 認(みと)め**られる**

(인정하다 → 인정되다, 인정할 수 있다)

★ 문어체 문장에는 [한자단어+される] 외에

[한자단어が なされる] 또는 [行(おこな)われる]의 표현도 많은데 뜻은 똑같이 '~되다'로 해석하면 된다.

예 為(な)す → なされる하다 → 되다

예 行(おこな)う → おこなわれる 행하다 → 행해지다(= 되다)

예 意見書(いけんしょ)を 書(か)く 의견서를 쓰다
→ いけんしょが かかれる 의견서가 쓰이다
→ いけんしょを かかれる 의견서를 쓰시다

예 事実(じじつ)を 認(みと)める 사실을 인정하다
→ じじつが みとめられる 사실이 인정되다, 인정할 수 있다
→ じじつを みとめられる 사실을 인정하시다

예 判断(はんだん)する 판단하다
→ はんだんされる 판단되다, 판단하시다

cf) はんだんできる 판단할 수 있다

예 明日(あした) 来(こ)られますか 내일 오실 수 있습니까?
내일 오십니까?

★ 오시다 いらっしゃる・おいでになる・見(み)える・こられる
오실 때는 お越(こ)しの際(さい)は

독해연습 문장을 해석하세요.

1. 患者(かんじゃ)の 意識(いしき)を 失(うしな)わせた。

2. 開国と 農業再生を 両立(りょうりつ)させ、ともに 実現する。

3. その骨格の 人事を 私の方から 提案させて 頂きます。

4. みなさんの ご理解を 頂いて、スタートさせて 頂きたい。

5. 逮捕(たいほ)され、送検(そうけん)された。

6. 容疑者の口座に 生命保険金が 入金(にゅうきん)されて いた。

7. 判決には 減刑に なった 理由も 示されて いない。

8. 行動計画を 策定する ことも 盛(も)り込(こ)まれた。

9. 経営者らが 業務上過失致死傷の 罪に 問われて いた。

10. 「反省の 態度も 見られない」として 禁固3年の 判決が 言い渡された。

11. 充分(じゅうぶん)な 理由が あるとは 認(みと)められない。

정답

1. 환자의 의식을 잃게 했다. うしなう[18] → うしなわせる 〈p.88 참조〉
2. 개국과 농업재생을 양립시켜 함께 실현한다. する → させる
3. 그 골격의 인사를 제가 제안하겠습니다. させて いただく
4. 여러분의 이해를 받고나서 출발하고 싶다. 〈p.89 (2) 참조〉
   提案(ていあん)する → させる → させて＋いただく → いただき＋たい(희망)
5. 체포되어 송치되었다. される
6. 용의자의 계좌에 생명보험금이 입금되어 있었다.
   されて いる → いた(과거)
7. 판결에는 감형이 된 이유도 제시되어 있지 않다.
   しめす → しめされる(수동)＋いる → しめされて いない(부정)
8. 행동계획을 책정하는 것도 들어있다. もりこむ → もりこまれる
9. 경영자들이 업무상과실치사상죄로 기소되었다.
   問(と)う → とわれる → とわれて＋いる
   기소되어 있다 → とわれて＋いた(있었다)
10. '반성의 태도를 볼 수 없다'고 하여 금고 3년의 판결이 선고되었다.
    いいわたす → いいわたされる
11. 충분한 이유가 있다고는 인정되지 않는다.
    みとめる → みとめられる → みとめられない

작문연습 아래의 단어를 이용하여 작문을 완성하세요.

(1) 판례가 실리다. 裁判例(さいばんれい) 載(の)せる

(2) 비를 맞았다. 雨(あめ), 降(ふ)る

---

18) 失(うしな)う → うしなわ＋せる → うしなわせた(과거)

(3) 사건해결을 부탁받았다. じけんの かいけつ, 頼(たの)む

(4) 일찍 일어날 수 있다. 早(はや)い, 起(お)きる

(5) 질문 받았다. 質問(しつもん)する

(6) 살인죄로 기소되다. 殺人罪(さつじんざい), 問(と)う

(7) 혐의를 받다. 嫌疑(けんぎ), 持(も)つ

(8) 합의가 이루어지다. 合意(ごうい), 為(な)す

(9) 살해되다. 殺(ころ)す・殺害(さつがい)する

(10) 중요성을 강조하시다. 重要性(じゅうようせい),
強調(きょうちょう)する

정답

(1) 裁判例(さいばんれい)が載(の)せられる。

(2) 雨(あめ)に降(ふ)られた。

(3) 事件(じけん)の解決(かいけつ)を頼(たの)まれた。

(4) 早(はや)く起(お)きられる。

(5) 質問(しつもん)された 또는 質問(しつもん)を受(う)けた。

(6) 殺人罪(さつじんざい)に問(と)われる。

(7) 嫌疑(けんぎ)が持(も)たれる。

(8) 合意(ごうい)がなされる。

(9) 殺(ころ)される・殺害(さつがい)される。

(10) 重要性(じゅうようせい)を強調(きょうちょう)される。

심화학습

■ 수동태

● 殺(ころ)す　　죽이다 vt

예 兄(あに)が (　)を 殺(ころ)した　　형이 (　)를 죽였다.
= 誰(だれ)か 兄に 殺された　누군가 형한테 살해되었다.

예 兄が (　)に 殺された　　형이 (　)에게 살해되다.
= 誰か 兄を 殺した　　누군가 형을 죽이다.

● 死(し)ぬ　　죽다 vi
亡(な)くなる　　죽다, 돌아가시다 vi
亡(な)くす　　잃다, 여의다 vt

예 母(はは)が 死(し)んだ　　어머니가 죽었다.
= 母が 亡くなった　　어머니가 돌아가셨다.

예 幼(おさな)い 時(とき)に 母に 死なれた
어릴 때 어머니를 여의었다. (슬픔)
(= 母が 死んだ = 母が 亡く なった)

예 奥(おく)さんを 亡(な)くされた (= 奥さんを 亡くした)
사모님을 여의셨습니다. (상대방을 존대)

- 怒(おこ)る 화내다 vi
  叱(しか)る 야단치다 vt

예 先生に 怒られた 선생님의 화(표정, 언동)가 내게 미침

예 先生に 叱られた。 선생님에게 야단맞았다.

- 好きだ 좋아하다 AN 好く 좋아하다 vt
  かわいい 귀엽다 A かわいがる[19] 귀여워하다 vt

예 みんなに すかれて いる。 모두가 좋아한다.

예 先生に かわいがられて いる。 선생님한테 귀여움 받고 있다.

- 聞(き)く 듣다, 묻다 vt
  問(と)う 묻다 vt

예 批判(ひはん)する 論(ろん)も 聞(き)かれる。
비판하는 의론도 들린다.

예 収賄罪(しゅうわいざい)に 問(と)われた。
수회죄로 기소되다(책임을 묻다).

- 来(く)る 오다 vi

예 友(とも)だちが きた。 친구가 왔다.

예 友(とも)だちに こられた。 (반갑지 않게) 친구가 왔다.

---

19) 형용사 어미 'い' 대신 'がる'를 넣으면 제삼자의 상태를 말해서 '귀여워하다'라는 동사가 된다. 예를 들어) 춥다 寒(さむ)い → さむがる 추워하다

쉬어가는 코너

리 리 리 字로 끝나는 말은

Row row row your boat gently down the stream
Merrily merrily merrily merrily
Life is but a dream ♩~ ♪ ♬~

이 멜로디에 맞춰서 일본어를 배웁시다.

부사 り り り字(じ)で 終(お)わる 文字(もじ)

やっぱり はっきり すっかり さっぱり しっかり うっかり

해설 일본어 부사에는 'り'로 끝나는 말이 많다.

やっぱり(= やはり)	역시
はっきり(しっかり) する	똑바로, 확실히 하다
すっかり わすれた	완전히 까먹었다
さっぱり わからない	도무지 모르겠다
しっかり すわる	똑바로 앉다
うっかり した	깜빡 잊었다

동사→명사 V1 인 동사 → 명사 u → i 형 〈p.114〉

入(はい)り 喋(しゃべ)り 限(かぎ)り 帰(かえ)り
知(し)り 走(はし)り

해설 모양은 V2 같지만 V1 인 동사만 모았다.

入(はい)る 들어가다	喋(しゃべ)る 수다 떨다	限(かぎ)る 한하다
帰(かえ)る 귀가하다	知(し)る 알다	走(はし)る 뛰다

존경, 겸양표현

일본어의 경어는 상대를 높이는 존경어, 나를 낮추는 겸양어, 공손한 말(です·ます)로 구분한다. 한국어와 다른 점은 나이와 상관없이 상대방은 높이고 나와 내 쪽은 모두 낮춘다. 비서가 자신의 변호사님, 사장님 등을 상대방에게 말할 때는 님(さん)을 붙이지 않고 나의 가족(부모님, 조부, 형제)도 상대방에게 얘기할 때는 모두 존경어를 쓰지 않는다. 존경의 뜻으로 단어 앞에 お·ご의 접두어가 붙는 경우가 많다.

(1) 존경표현

V1	수동태(u → a + れる) 또는 お + (i) + に なる 예 書(か)く 쓰다 → かかれる·おかきになる 쓰시다 書かれます·お書きになります 쓰십니다
V2	る탈락 + られる 또는 お + (ru 탈락) + に なる 예 受(う)ける 받다 → うけられる·おうけになる 받으시다 受けられます·お受けになります 받으십니다
V3	する → される → されます 하십니다 (なさる → なさいます) くる → こられる → こられます 오십니다 (いらっしゃる → いらっしゃいます) (おみえになる → おみえになります) 예 いつ いらっしゃいますか。 언제 오십니까?

연습 다음 동사를 존경표현 두 가지로 바꾸세요.

① 読(よ)む 읽다 →

② 考(かんが)える 생각하다 →

③ 勉強(べんきょう)する 공부하다 →

정답
① 読まれる·お読みになる ② 考えられる·お考えになる
③ 勉強される·勉強なさる

(2) 겸양표현

V1	u → (i) + ます (더 공손한 표현) お + (i) + する → お + (i) + 致(いた)す 예 書(か)く 쓰다 → 書きます 씁니다 お書(か)きする → お書きします・お書き致します
V2	(~~ru~~) + ます→ お + (~~ru~~) + する → お + (~~ru~~) + 致(いた)す 예 受(う)ける 받다 → 受けます 받습니다 お受けする → お受けします・お受け致します
V3	する → 致(いた)す → 致します 합니다, 하겠습니다 くる → 参(まい)る → 参ります 옵니다, 오겠습니다

연습 다음 아래 예시를 겸양표현 세 가지로 바꾸세요.

① 願(ねが)う 원하다 →

② 伝(つた)える 전하다 →

정답

① 願(ねが)います・お願いします・お願い致します
② 伝(つた)えます・お伝えします・お伝え致します

■ 별도의 경어

	존 경	겸 양
いる　　있다	いらっしゃる	おる
知(し)る　　알다	ご存(ぞん)じだ	存(ぞん)じる
会(あ)う　　만나다	あわれる·おあいになる	おあいする 伺(うかが)う お目(め)にかかる
話(はな)す　말하다	おっしゃる	申(もう)し上(あ)げる
食(た)べる　　먹다	召(め)し上(あ)がる	頂(いただ)く
見(み)る　　보다	ご覧(らん)になる	拝見(はいけん)する
来(く)る　　오다	こられる·いらっしゃる· おいでになる·おみえになる· お越(こ)しになる	参(まい)る
する　　하다	される·なさる	致(いた)す

※ ます와 연결될 때 다음 동사는 る를 い로 바꾸어 접속한다.

くださる → くださります(×)　くださいます(○)　주십니다
なさる　→ なさいます　하십니다
ござる　→ ございます　~입니다
おっしゃる　→ おっしゃいます　말씀하십니다
いらっしゃる → いらっしゃいます　오십니다, 계십니다

■ ~해 주시기 바랍니다, 해 주시면 감사하겠습니다.

〈p.63 공식〉＋て 頂(いただ)ければと 思(おも)います
＋て 頂(いただ)ければ 幸(さいわい)です

예 直(なお)す → 고쳐 주시면 감사하겠습니다.

直(なお)して 頂(いただ)ければと 思(おも)います

直(なお)して 頂(いただ)ければ 幸(さいわい)いです

分(わ)かる → 이해해 주시면 감사하겠습니다.

教(おし)える → 가르쳐 주시면 감사하겠습니다.

■ 사역형+て 頂(いただ)きます : 격식차려서 하는 말

예 払(はら)う 지불하다 → (제가) 지불하겠습니다

はらわせる＋いただく ＝ 払(はら)わせて 頂(いただ)きます

예 失礼(しつれい)とは存(ぞん)じますが、メールにてお礼(れい)をお伝(つた)えさせて頂(いただ)きます。

실례인줄은 알지만 이메일로 감사말씀을 드립니다.

思(おも)う → 存(ぞん)じる

お礼(れい)を 伝(つた)える → お＋つたえ＋する
→ おつたえ＋させる 〈p.88 참조〉

3. **부정**이란

'~지 않다'의 뜻으로 명사, 형용사의 부정형은 제5강 주요품사에서 다뤘고 여기서는 동사의 **부정형**만 설명한다.

문장의 뜻이 긍정인지 부정인지는 매우 중요한데 일본어 표현에는 이중부정이 많기 때문에 주의를 요한다.

<table>
<tr>
<td>부 정</td>
<td>V1 u → a + ない　(文) a + ず 〈p.107 참조〉
V2 ru 탈락 + ない　(文) ru 탈락 + ず
V3 する → しない　(文) せ + ず
くる → こない　こ + ず (별로 안 씀)

※ ~지 않으면 안 된다
ない → なければ ならない 〈p.66, p.107 참조〉

※ ~지 않을 수 없다 〈p.130 참조〉
V1 a + ざるを えない
V2 ru 탈락 + ざるを えない
V3 せざるを えない 〈p.109 참조〉

※ ~지 마!　모든 동사(기) + な
※ ~지 마세요.　ないでください
※ ~서는 안 된다.　ては ならない (= ては いけない)
て 〈p.63 참조〉</td>
</tr>
</table>

예 する → ① 해야 한다　すべし 〈p.290〉
② 하지 않으면 안 된다　しなければ ならない
③ 하지 않을 수 없다　せざるを えない
④ 해서는 안 된다　しては ならない
(= しては いけない)

①~③은 해야 하는 것이고 ④는 하면 안 되는 것이다.

'해야 한다'는 의미로 제일 많이 쓰는 표현은 ②인데 일상회화에서는 줄여서 'しなくちゃ'라고 한다.

① べし는 동사의 기본형에 접속하며 의무·가능을 나타내는 조동사
단, する는 고어의 기본형이 す였기 때문에 す+べし가 된다.

③은 문어체 부정형을 참고하면 된다.
せ+ざる を 得(え)ない

예 書(か)く → ① かくべし 써야 한다
② かかなければ ならない 쓰지 않으면 안 된다
= かかなくちゃ (口)
③ かかざるを えない 쓰지 않을 수 없다
④ かいては いけない 쓰면 안 된다 〈p.66〉

예 出(で)る → ① でるべし 나가야 한다
② でなければ ならない 나가지 않으면 안 된다
= でなくちゃ (口)
③ でざるを えない 나가지 않을 수 없다
④ でては いけない 나가면 안 된다

예 処罰(しょばつ)する → ① 処罰すべし 처벌해야 한다
처벌하다
② 処罰しなければ ならない
처벌하지 않으면 안 된다
= 処罰しなくちゃ (口)
③ 処罰せざるを えない
처벌하지 않을 수 없다
④ 処罰しては いけない
처벌하면 안 된다

연습 아래의 단어를 예시 ①~④와 연결해서 쓰시오.

(1) 言(い)う **말하다**

① べし	말해야 한다
② なければ ならない	말하지 않으면 안 된다
③ ざるを えない	말하지 않을 수 없다
④ ては いけない	말해서는 안 된다

(2) 見(み)る **보다**

① べし	봐야 한다
② なければ ならない	보지 않으면 안 된다
③ ざるを えない	보지 않을 수 없다
④ ては いけない	봐서는 안 된다

(3) 却下(きゃっか)する **각하하다**

① べし	각하해야 한다
② なければ ならない	각하하지 않으면 안 된다
③ ざるを えない	각하하지 않을 수 없다
④ ては いけない	각하해서는 안 된다

정답

(1) 言う → ① いうべし　② いわなければならない
③ いわざるをえない　④ いってはいけない

(2) 見る → ① みるべし　② みなければならない
③ みざるをえない　④ みてはいけない

(3) 却下する → ① 却下すべし　② 却下しなければならない
③ 却下せざるをえない　④ 却下してはいけない

(文) **ず**의 활용 :	**ず(=ざり)**	~지 않고
	ぬ(= ざる) + N(생략가능)	~지 않는(않음)
	ね(= ざれ) + ば	~지 않으면
	= なければ	

예 存在(そんざい)**しない**　존재하지 않다

예 (口) 存在**しなく** = (文) 存在**せず**　존재하지 않고
(口) 存在**しない** = (文) 存在**せぬ**+もの　존재하지 않는 것

예 (文) 知(し)ら**ぬ**が 仏(ほとけ)　알지 않음이 부처 → 모르는 것이 약
(口) 知(し)ら**ないの**が 仏(ほとけ)

예 聞(き)か**ざる** 言(い)わ**ざる** 見(み)**ざる**
듣지 않는 말하지 않는 보지 않는

예 行(い)か**ね**ば ならない　가지 않으면 안 된다(가야한다)
= 行(い)かなければ ならない

활용연습 사역, 수동, 부정

V1 u → a + せる(사역 = しめる)・れる(수동)・ない(부정 = ず)
단, う → あ(×), わ(○)

V2 iru/eru → ru 탈락 + させる(사역)・られる(수동)・ない(부정)

V3 する → させる・される・しない = せず
くる → こさせる・こられる・こない = こず

	기본형	사 역	수 동	부 정
V1	買(か)う	かわせる(かわしめる)	かわれる	かわない
	書(か)く			
	貸(か)す			
	勝(か)つ			
	死(し)ぬ			
	呼(よ)ぶ			
	読(よ)む			
	因(よ)る			
V2	見(み)る	みさせる	みられる	みない
	着(き)る			
	出(で)る			
V3	する	させる(せしめる)	される	しない
	くる	こさせる	こられる	こない

■ 부정 같지만 긍정인 표현

~ かも しれない ~일지도 모른다(= 그럴 것이다 だろう, であろう)

예 存在(そんざい)しない　　존재하지 않다

예 高(たか)い+かも しれない　　높을지도(비쌀지도) 모른다
= 高(たか)い+だろう　　높을(비쌀) 것이다

예 認(みと)める + べき〈p.290〉+ である + かも しれない
인정해야 할지도 모른다
= 認める べき であろう　　인정해야 할 것이다
認(みと)める べき ではない かも しれないが
인정해야 하는 것이 아닐지도 모르지만(인정할 필요 없지만)

~ なければ ならない ~지 않으면 안 된다(= 해야 된다) 〈p.104〉
~ ざるを えない ~지 않을 수 없다(= 해야 된다) 〈p.104〉

예 行(い)く → いかなければ ならない
= いかざるを えない = いく べき

예 覚(おぼ)える → おぼえなければ ならない
= おぼえざるを えない

예 する → しなければ ならない
= せざるを えない = すべき

동사+かねない ~기 쉽다 (かねる : 어렵다 かねない : 어렵지 않다)

危(あぶ)ない 위험하다 少(すく)ない 적다 もったいない 아깝다
汚(きたな)い 더럽다 幼(おさな)い 어리다 おっかない 무섭다

예 忘(わす)れ + かねない 잊기 쉽다 (わすれる : 잊다)

예 被害者(ひがいしゃ)に なり + かねない 피해자가 되기 쉽다

必(かなら)ず 반드시 はず (당연히 예상되는) 것
先(ま)ず = ひとまず 우선, 먼저
とりあえず 편지 끝에 용건만 말한다는 뜻으로 取(と)り急(いそ)ぎ

* 부정으로만 쓰는 말

そぐわない 적합하지 않다, 어울리지 않다 かまわない 상관없다

* 뒤에 부정의 말이 따라오는 부사

所詮(しょせん) 어차피 あえなく 어이없이, 허무하게

不・無 → (口) ない (文) ず・ぬ・ね 〈p.107 참조〉

(1) 불가결(不可缺)하다 不可欠(ふかけつ)だ
欠(か)く ことが できない (口)
불가결한 不可欠(ふかけつ)な (口)
欠(か)く べからざる (文)
= 欠(か)く べからぬ

(2) 불과(不過)하다 すぎる → 過(す)ぎない
~에 불과하고 に すぎず

(3) 불구(不拘), 무관(無關)하다
関・係・拘(かか)わる → かかわらない
~에 관계없이 に かかわらず、
~에도 불구하고 にも かかわらず

(4) 불문(不問)하다 問(と)う → とわない
불문하고 とわず
묻지 않으면 안 되고 とわねば ならず

(5) 불허(不許)하다 許(ゆる)す→ ゆるさない
불허하며 ゆるさず

(6) 부득이(不得已)하다 やむを えない
부득이하고 やむを えず

(7) 부지중(不知中)에 知(し)らぬ うちに

5 週次

제 9 강 동사활용 (i) 공손·희망·중지

1. 1동사의 어미가 **i단**으로 변한 후 따라오는 말에는 공손(**ます**), 희망(**たい**)〈p.126〉, 중지〈p.60〉, ~하면서(**ながら・つつ**), 전성명사, 복합동사, **得**(가능)〈p.130〉, 추측(**そうだ**),[20] ~기 어렵다(**にくい・づらい・かねる・がたい**), ~기 쉽다(**やすい・かねない**) 등이 있다.

~니다 ~고 싶다 ~면서 ~세요	V1 u → i＋ます たい ~고 싶습니다 たい＋です (口) ながら (文) つつ なさい[21] V2 ru 탈락＋위와 동일 V3 します·したい·しながら (文) しつつ·しなさい きます·きたい·きながら·きなさい

예 判決文を 書きます。 판결문을 씁니다

예 かきたい 쓰고 싶다 → かきたくない 쓰고 싶지 않다

예 (口) はんけつぶんを かきながら 쓰면서
(文) はんけつぶんを かきつつ、

예 ゆっくり かんがえます 천천히 생각합니다

예 ゆっくり かんがえたい 천천히 생각하고 싶다

---

20) そうだ의 용법은 두 가지가 있는데
(추측 : A어간, Vi 접속 傳聞 : N, ANだ, A, V 기본형 접속) 〈p.121〉

21) "~세요"란 뜻이지만 손윗사람에게는 쓸 수 없다.

예 ゆっくり かんがえながら 천천히 생각하면서

예 依頼者(いらいしゃ)と相談(そうだん)します
의뢰인과 상담합니다

연습 [u → i + ます] 공손형으로

	기본형	ㅂ니다	ㅆ습니다	지 않습니다	지 않았습니다
V1	買(か)う 사다	かいます	かいました	かいません	かいませんでした
	書(か)く 쓰다				
	消(け)す 지우다				
	勝(か)つ 이기다				
	死(し)ぬ 죽다				
	呼(よ)ぶ 부르다				
	読(よ)む 읽다				
	取(と)る 취하다				
V2	見(み)る 보다	みます	みました	みません	みませんでした
	出来(でき)る 할 수 있다				
	求(もと)める 구하다				
	認(みと)める 인정하다				
V3	する 하다				
	くる 오다				

2. 동사와 동사가 더해져서 **복합어**가 될 때나 **명사**(전성명사)가 될 때 [V1 u → i, V2 ru 탈락]의 법칙을 따른다.

연습 다음 동사를 뜻풀이에 맞게 활용하여 쓰세요.

- よむ 읽다 → よみ 읽기
  よむ + うる 팔다 → (신문이름)
- かく 쓰다 → かき 쓰기
  かく + とる 취하다 → 받아쓰기
- きく 듣다 → きき 듣기
  きく + とる → 청취
- はなす 말하다 → 말하기, 이야기
- とる 취하다 + ひく 끌다 → 거래
- おう 쫓다 + こす 넘다 → 추월
- さしもどす 반려하다 → 환송
- うごく 움직이다 → 움직임, 동향
- うったえる 호소하다 → 호소, 소(訴)
- のむ 마시다 + もの 것 → 마실 것
- たべる 먹다 + もの 것 → 먹을 것
- きる 입다 + もの 것 → 입을 것

- つめ 손톱 + きる 자르다 → 손톱 깎기
- やく 굽다 + にく 고기 → 불고기
- やく + まんじゅう 만두 → 군만두

정답

読(よ)み売(う)り	書(か)き取(と)り	聞(き)き取(と)り
話(はなし)	取(と)り引(ひ)き	追(お)い越(こ)し
差(さ)し戻(もど)し	動(うご)き	訴(うった)え
飲(の)み物(もの)	食(た)べ物(もの)	着物(きもの)
爪切(つめき)り	焼(や)き肉(にく)	焼き饅頭(まんじゅう)

연습 다음 동사를 ①~⑧과 접속하고 뜻을 쓰세요.

① ます ② たい ③ ながら ④ つつ ⑤ なさい ⑥ そうだ
⑦ がたい ⑧ やすい

(1) 争(あらそ)う 다투다

① ②
③ ④
⑤ ⑥
⑦ ⑧

(2) 聞(き)く 묻다, 듣다

① ②
③ ④
⑤ ⑥

⑦ ⑧

(3) 出(だ)す 제출하다, 내보내다, 꺼내다

① ②
③ ④
⑤ ⑥
⑦ ⑧

(4) 待(ま)つ 기다리다

① ②
③ ④
⑤ ⑥
⑦ ⑧

(5) 死(し)ぬ 죽다

① ②
③ ④
⑤ ⑥
⑦ ⑧

(6) 呼(よ)ぶ 부르다

① ②
③ ④
⑤ ⑥
⑦ ⑧

(7) 飲(の)む 마시다

① ②

③ ④

⑤ ⑥

⑦ ⑧

(8) 取(と)る 취하다

① ②

③ ④

⑤ ⑥

⑦ ⑧

(9) 見(み)る 보다

① ②

③ ④

⑤ ⑥

⑦ ⑧

(10) 変(か)える 바꾸다

① ②

③ ④

⑤ ⑥

⑦ ⑧

(11) 確定(かくてい)する 확정하다

① ②

③ ④

⑤ ⑥

⑦ ⑧

(12) 来(く)る 오다

① ②

③ ④

⑤ ⑥

⑦ ⑧

정답

(1) ① 争います ② 争いたい ③ 争いながら ④ 争いつつ
⑤ 争いなさい ⑥ 争いそうだ ⑦ 争いがたい ⑧ 争いやすい

(2) ① ききます ② ききたい ③ ききながら ④ ききつつ
⑤ ききなさい ⑥ ききそうだ ⑦ ききがたい ⑧ ききやすい

(3) ① だします ② だしたい ③ だしながら ④ だしつつ
⑤ だしなさい ⑥ だしそうだ ⑦ だしがたい ⑧ だしやすい

(4) ① まちます ② まちたい ③ まちながら ④ まちつつ
⑤ まちなさい ⑥ まちそうだ ⑦ まちがたい ⑧ まちやすい

(5) ① しにます ② しにたい ③ しにながら ④ しにつつ
⑤ しになさい ⑥ しにそうだ ⑦ しにがたい ⑧ しにやすい

(6) ① よびます ② よびたい ③ よびながら ④ よびつつ
⑤ よびなさい ⑥ よびそうだ ⑦ よびがたい ⑧ よびやすい

(7) ① のみます ② のみたい ③ のみながら ④ のみつつ
⑤ のみなさい ⑥ のみそうだ ⑦ のみがたい ⑧ のみやすい

(8) ① とります ② とりたい ③ とりながら ④ とりつつ
⑤ とりなさい ⑥ とりそうだ ⑦ とりがたい ⑧ とりやすい

(9) ① みます ② みたい ③ みながら ④ みつつ
⑤ みなさい ⑥ みそうだ ⑦ みがたい ⑧ みやすい

(10) ① 変えます ② 変えたい ③ 変えながら ④ 変えつつ
⑤ 変えなさい ⑥ 変えそうだ ⑦ 変えがたい ⑧ 変えやすい

(11) ① 確定します ② 確定したい ③ 確定しながら ④ 確定しつつ
⑤ 確定しなさい ⑥ 確定しそうだ ⑦ 確定しがたい ⑧ 確定しやすい

(12) ① きます ② きたい ③ きながら ④ きつつ
⑤ きなさい ⑥ きそうだ ⑦ きがたい ⑧ きやすい

예시

가고 싶다	가고 싶었다	가고 싶지 않다
行(い)きたい	いきたかった	いきたくない
기소하고 싶다	기소하고 싶었다	기소하고 싶지 않다
起訴したい	きそしたかった	きそしたくない

연습 다음 동사를 예시와 같이 만들어 보세요.

(1) 말하다 言(い)う

① ② ③

(2) 놓다 置(お)く

① ② ③

(3) 빌려주다 貸(か)す

① ② ③

(4) 이기다 勝(か)つ

① ② ③

(5) 죽다 死(し)ぬ

① ② ③

(6) 놀다 遊(あそ)ぶ

① ② ③

(7) 빌리다 借(か)りる

① ② ③

(8) 잊다 忘(わす)れる

① ② ③

(9) 외우다 覚(おぼ)える

① ② ③

(10) 주장하다 主張(しゅちょう)する

① ② ③

정답

(1) ① いいたい ② いいたかった ③ いいたくない
(2) ① おきたい ② おきたかった ③ おきたくない
(3) ① かしたい ② かしたかった ③ かしたくない
(4) ① かちたい ② かちたかった ③ かちたくない
(5) ① しにたい ② しにたかった ③ しにたくない
(6) ① あそびたい ② あそびたかった ③ あそびたくない
(7) ① かりたい ② かりたかった ③ かりたくない
(8) ① わすれたい ② わすれたかった ③ わすれたくない
(9) ① おぼえたい ② おぼえたかった ③ おぼえたくない
(10) ① 主張したい ② 主張したかった ③ 主張したくない

◈ 추 측

추측(~인 것 같다), 비유(마치~같다) 등을 나타내는 조동사에는 ようだ, みたいだ, そうだ, らしい가 있다. そうだ는 추측 외에 전해서 들은 전문(傳聞)의 용법도 있는데 법서에는 주로 ようだ가 많이 나오며 みたいだ는 회화에서 많이 쓴다.

■ 접속방법 (~인 것 같다)

	ようだ	みたいだ	そうだ[22]	らしい
N	検事のようだ 검사 같다	検事みたいだ	×[23]	検事らしい
AN	立派なようだ 훌륭한 것 같다	立派みたいだ	立派そうだ	立派らしい
A	いいようだ 좋은 것 같다	いいみたいだ	**よさそうだ**[24]	いいらしい
V1	行くようだ 갈 것 같다	行くみたいだ	行きそうだ	行くらしい
V2	出るようだ 나갈 것 같다	出るみたいだ	出そうだ	出るらしい
V3	するようだ 할 것 같다	するみたいだ	しそうだ	するらしい
	くるようだ 올 것 같다	くるみたいだ	きそうだ	くるらしい

22) そうだ 용법 중 〈전해서 들음〉은 모두 기본형에 접속한다.
23) N+そうだ (~인 것 같다) 란 표현은 하지 않는다.
24) 다음 형용사는 예외이다.
よい → よそうだ(×) よさそうだ(○) 좋은 것 같다
ない → なそうだ(×) なさそうだ(○) 없는 것 같다

■ そうだの 두 가지 용법 ※ だ = である

A (어간+そうだ : 추측) 예 忙(いそが)し+そうだ 바쁜 것 같다

A (기본형+そうだ : 傳聞) 예 忙(いそが)しい+そうだ 바쁘다고 한다

V (i+そうだ : 추측) 예 雨(あめ)が 降(ふ)り+そうだ 비가 올 것 같다

V (기본형+そうだ : 傳聞) 예 雨が 降る+そうだ 비가 온다고 한다

■ ようだ 활용 ※ だ = である

N+の+ようだ, ANな+ようだ, A기 / V기+ようだ

예 犯人(はんにん)のようだ 범인인 것 같다

예 不審(ふしん)な点(てん) 수상쩍은 점

예 目撃者(もくげきしゃ)だったようだ 목격자였던 것 같다

Aかった+ようだ 예 なかった ようだ 없던 것 같다

Vた+ようだ 예 した ようだ 한 것 같다

ような ~같은 = N+みたいな, N+らしい 답다 * N+そうな (×)

ように ~처럼, ~같이, V기+よう(に) ~도록('に'는 생략하기도 한다)

예 この ような 이와 같은 この ように 이와 같이

예 弁護士(べんごし)の ような = 弁護士みたいな 변호사같은

예 有名(ゆうめい)な ように 見(み)える 유명한 것처럼 보인다

예 国歌(こっか)を 斉唱(せいしょう)する よう 求(もと)めた。
국가를 제창하도록 요구하였다.

예 差別(さべつ)が なく なる ように 차별이 없어지도록

때 : 時・場合・上・際・当たって・こと 등

① Nの, ANな, A / V기＋時(とき)

예 会社(かいしゃ)を 合併(がっぺい)する **時**(とき) 회사를 합병할 때

② **場合**(ばあい) 경우

예 前項(ぜんこう)に 規定(きてい)する **場合**(ばあい)
전항에 규정하는 경우

③ V기+上(うえ) ～할 때

예 円滑(えんかつ)な 発展(はってん)を 図(はか)る **うえに**
원활한 발전을 도모할 때

cf) Vた＋上(= 後, てから) ～한 다음

예 第一審判決(だいいっしんはんけつ)を 破棄(はき)した**うえ**
제1심판결을 파기한 다음

④ に 際(さい)し ＝際して, N＋の 際

예 経営判断(けいえいはんだん)に **際**(さい)**して** 경영판단 시

예 韓国(かんこく)に お越(こ)しの **際**(さい)は 한국에 오실 때는

⑤ に 当(あ)たり ＝ 当たって

예 政治資金(せいじしきん)の 寄付(きふ)を なすに **あたっては**
정치자금의 기부를 할 때에는

cf) に 当たる '**～해당한다**'로 해석할 때도 있음

⑥ V기＋ことが ある ～ㄹ 때가 있다 〈p.85〉

예 負(ま)ける **ことが ある** ～질 때가 있다

Vi ~기 어렵다 · ~기 쉽다

1. にくい[25] · 難(がた)い · づらい · 兼(か)ねる ~기 어렵다

예 信(しん)じる 믿다 → 믿기 어렵다 しんじ + にくい
しんじ + がたい
しんじ + づらい
しんじ + かねる

※ 단독 형용사로 쓰면 다음과 같은 뜻이다.
憎(にく)い 밉다, 難(むずか)しい 어렵다, 辛(つら)い 괴롭다

2. やすい · かねない · がち＋だ(である) ~기 쉽다

예 認(みと)める 인정하다 → 인정하기 쉽다 みとめ + やすい
みとめ + かねない
みとめ + がちだ

예 失敗(しっぱい)に なりかねない ＝ なりやすい
실패가 되기 쉽다 (~に なる → ~に なり＋かねない)

※ 단독 형용사로 쓰면 安(やす)い '싸다'의 뜻

연습 위 표현(~하기 어렵다·쉽다)으로 바꾸어 보세요.

- **わかる** 알다

① ② ③ ④

---

25) にくい (口) 難(がた)い・づらい・兼(か)ねる (文)

⑤ ⑥ ⑦

정답

① わかりにくい ② わかりがたい ③ わかりづらい ④ わかりかねる
⑤ わかりやすい ⑥ わかりかねない ⑦ わかりがちだ

◈ V기 + まで　~ㄹ 때까지

예 分(わ)かる**まで** 何回(なんかい)も 説明(せつめい)する
알 때까지 몇 번이고 설명한다.

◈ ところ

예 お忙(いそが)しい **ところ**　바쁘실 때

예 依頼(いらい)した **ところ**、断(ことわ)られた
의뢰했는데 거절당했다

예 こういう ところが 疑問(ぎもん)だ　이러한 점이 의문이다.

◈ つもり

예 来月(らいげつ)日本(にほん)に 旅行(りょこう)する つもり
다음 달 일본에 여행할 예정

◈ ため

예 訴訟(そしょう)で 勝(か)つ ために　소송에서 이기기 위하여

예 訴訟(そしょう)で 勝(か)った ために　소송에서 이겼기 때문에

cf) N + の ための N

예 解決(かいけつ)の ための 示談(じだん)　해결을 위한 합의

희망표현 : ほしい・たい

1. Nが ほしい : ~을 갖고 싶거나 사고 싶을 때

cf) (제삼자가) 희망할 때 : Nを ほしがる

예 アイパッドが ほしい　　　아이패드를 갖고 싶다.
アイパッドが ほしくて　　　아이패드를 갖고 싶어서
アイパッドが ほしくても　　　아이패드를 갖고 싶어도
アイパッドを ほしがる　　　아이패드를 갖고 싶어 한다.

cf) 欲(ほっ)する　　원하다, 바라다 (文)

예 己(おのれ)の 欲(ほっ)する ところを 人(ひと)に 施(ほどこ)せ
자신이 원하는 바를 남에게 베풀어라.

2. Vi + たい : 구체적인 동작을 하고 싶을 때 〈p.112, 119〉

cf) (제삼자가) 희망할 때 : Vi + たがる

예 日本語(にほんご)を 習(なら)いたい　일본어를 배우고 싶다.
日本語を 習いたくて　　　일본어를 배우고 싶어서
日本語を 習いたくても　　　일본어를 배우고 싶어도
日本語を 習いたがる　　　일본어를 배우고 싶어 한다.

예 人(ひと)に されたいと 思(おも)う 如(ごと)く
人にも 振舞(ふるま)わねば ならない。
남에게 해 받고 싶은 것처럼 다른 사람에게 행동해야 한다.

쉬어가는 코너

諺(ことわざ)・名言(めいげん)

1. 急(いそ)がば 回(まわ)れ　급할수록 돌아가라

2. 時(とき)は 金(かね)なり　시간은 돈이다

3. 仁(じん)は 人(ひと)の 心(こころ)なり　인은 사람의 마음이다
   義(ぎ)は 人(ひと)の 路(みち)なり　의는 사람의 길이다

4. 知(し)らぬが 仏(ほとけ)　모르는 게 부처(약)

5. 千里(せんり)の 道(みち)も 一歩(いっぽ)より　천리 길도 한걸음부터

6. 生(い)きるべきか 死(し)ぬべきか。それが 問題(もんだい)だ。
   살 것이냐 죽을 것이냐 그것이 문제로다.

7. 人生(じんせい)は 学校(がっこう)である。　인생은 학교이다.
   そこでは 幸福(こうふく)より 不幸(ふこう)の 方(ほう)が
   良(よ)い 教師(きょうし)である。
   그곳은 행복보다 불행 쪽이 좋은 교사이다.

5 週次

제10강 동사활용(e) 가능·가정·명령

V1 u→ e 가능, 가정, 명령

구 분	각 품사별 공식	예 시	
가 능	N たりうる 〈p.130〉		
	たりえない	検事たりえない	검사일 수 없다
	V1 u → e + る	いう → いえる	말할 수 있다
	V2 ru → られる 〈p.92〉	でる → でられる	나갈 수 있다
	V3 できる	提示できる	제시할 수 있다
	こられる	持ってこられる	가져올 수 있다
가 정	N であれば (= なら·ならば)	判事であれば	판사라면
	A い → ければ	よければ	좋다면
	V1 u → e + ば	いえば	말하면
	V2 ru → れば	でれば	나가면
	V3 すれば	提示すれば	제시하면
	くれば	持ってくれば	가져오면
명 령	N であれ (= たれ)	弁護士であれ	변호사이어라, 이든
	A い → かれ	多かれ少なかれ	많든 적든
	V1 u → e	いえ	말해
	V2 ru → ろ(口)・よ(文)	でろ・でよ	나가
	V3 せよ・しろ	提示せよ・しろ	제시해
	こい	持ってこい	가지고와

1. 가능표현에는 다음과 같이 세 가지가 있다.

가 능	1. V기 + ことが **できる** ↔ できない (모든 동사) 2. V1 u → e + る ↔ u → e + ない V2 ru → **られる** ↔ られない V3 する → **できる** ↔ できない くる → **こられる** ↔ こられない 3. (文) Vi + 得(う)る ~할 수 있다 ↔ 得(え)ない V2 ru 탈락 V3 し + うる

※ 한국말은 '~를 ~수 있다' 라고 하지만, 일본어는 조사 'を'를 쓰지 않고 조사 '**が**'를 쓴다.

예 いう → 真実(しんじつ)が **いえる**。	진실을 말할 수 있다.
しんじつが **いえない**。	진실을 말할 수 없다.
예 おきる → 早(はや)く 起(お)き**られる**。	일찍 일어날 수 있다.
はやく おき**られない**。	일찍 일어날 수 없다.
예 拒否(きょひ)する → 拒否**できる**。	거부할 수 있다.
拒否**できない**。	거부할 수 없다.
예 ある → ありうる 事件(じけん)	있을 수 있는 사건
ありえない 事件(じけん)	있을 수 없는 사건

■ 得

구어체에서 단독으로 쓸 때는 '**얻다**'의 뜻이며,
문어체에서 보조적으로 쓸 때는 '**가능**'의 뜻으로 쓰인다.

(1) 許可(きょか)を 得(え)る　　허가를 얻다.
許可が えられる　　허가를 얻을 수 있다.

(2) **~ㄹ 수 있다, 없다** (文)　(う・え 두 가지로 발음한다)

예 ありうる事件(じけん)　　있을 수 있는 사건

예 ありえない事件(じけん)　　있을 수 없는 사건

예 知(し)り得(え)た事実(じじつ)　　알 수 있었던 사실

예 特許(とっきょ)と **なりうる** ↔ なりえない
특허로 될 수 있다　　と なる 으로 되다 + うる

예 権利関係(けんりかんけい)を 判断(はんだん) **しうる**
권리관계를 판단할 수 있다　　する 하다 → し + うる

예 判断しうべきこと　　판단할 수 있어야할 것

예 判断し**え**たこと　　판단할 수 있었던 것

예 判断し**え**よう　　판단할 수 있을 것이다

※ 명사 앞, 서술할 때는 うる로 읽고 べき(의무, 가능)앞에서 う,
나머지는 え로 읽는다. 古語의 기본형은 得(う)

연습 가능표현 세 가지를 써보세요.

(1) 言(い)う 말하다

①

②

③

(2) 認(みと)める 인정하다

①

②

③

(3) 参酌(さんしゃく)する 참작하다

①

②

③

정답

(1) ① いうことができる ② いえる ③ いいうる
(2) ① みとめることができる ② みとめられる ③ みとめうる
(3) ① 参酌することができる ② 参酌できる ③ 参酌しうる

2. 가정표현에는 ば·と·なら·たら 등이 있으며 각각 활용

방법은 다르다. 일상회화에서는 **たら**〈p.63〉를 제일 많이 쓰고 논문에는 **と**가 제일 많이 쓰인다. 또한 '**~면 ~ㄹ수록**'의 표현에는 '각 품사별 **ば** + 기본형 **ほど**'이 있다.

가 정	N であれば(なら・ならば・であったら・であると) A ければ・A기 +と・なら・A かったら V u → e+ば (모든 동사) V기 + と・なら, Vた + たら すれば・すると・するなら・したら 하면, 하자, 했더니 くれば・くると・くるなら・きたら 오면, 오자, 왔더니

예 被告(ひこく)で ある 피고이다 → 피고라면

被告であれば・被告なら・被告ならば

被告であったら(だったら)・被告であると(だと)

예 多(おお)い 많다 → 많다면

多ければ・多いと・多いなら・多かったら

예 勝(か)つ 이기다 → 이기면

勝てば・勝つと・勝つなら・勝ったら

예 負(ま)ける 지다 → 지면

負ければ・負けると・負けるなら・負けたら

예 合格(ごうかく)する 합격하다 → 합격하면

合格すれば・合格すると・合格するなら・合格したら

예 時間(じかん)が **かかれば** かかる ほど
시간이 걸리면 걸릴수록

예 勉強(べんきょう)**すれば** する ほど 難(むずか)しい。
공부하면 할수록 어렵다.

예 早(はや)**ければ** 早い ほど いい。
빠르면 빠를수록 좋다.

예 違法(いほう)である　　위법이다 → 위법이라면
違法であれば・**違法であるなら** (= なら・ならば)
違法であったら (= だったら)・**違法であると** (= だと)

연습 1 다음을 ば・と・なら・たら로 연결하여 바꾸세요.

(1) 乗(の)る　　타다

(2) 開(あ)ける　　열다

(3) 妥協(だきょう)する　　타협하다

정답

(1) のれば・のると・のるなら・のったら
(2) あければ・あけると・あけるなら・あけたら
(3) 妥協すれば・妥協すると・妥協するなら・妥協したら

연습 2 다음을 ば・と・なら・たら로 연결하여 바꾸세요.

(1) 被害者(ひがいしゃ) 피해자

(2) 高(たか)い 높다

정답

(1) 被害者であれば・被害者であると・被害者なら・被害者であったら

(2) たかければ・たかいと・たかいなら・たかかったら

3. 명령형

일상회화에서는 명령형 대신 [～て ください(～해 주세요)]의 ください가 생략된 말로 [～て]의 표현을 잘 쓴다.

※ 명령형은 주로 판결문의 주문(主文)에서 볼 수 있다.

또한 [～이든 ～이든]의 표현에 명령형을 나열할 때가 있다.

예 判事(はんじ)であれ 検事(けんじ)であれ 판사든 검사든

예 多(おお)かれ 少(すく)なかれ 많든 적든

금지의 명령인 '(하)지마'는 [모든 동사형의 기본형 + な]인데 역시 일상회화에서는 [ないで ください]의 下(くだ)さい가 생략된 [ないで] 형태로 주로 쓴다.

명 령	V1 u → e V2 (口) ru 탈락 + **ろ** (文) ru 탈락 + **よ** V3 する → (口) **しろ** (文) **せよ** 해라 くる → **こい** 와라

※ V2, V3은 구어체와 문어체 두 가지가 있음.

예 置(お)く 놓다 → お**け** 놓아라

예 調(しら)べる 조사하다 → しらべ**ろ**·しらべ**よ** 조사해라

예 調(しら)べておく 조사해 두다 → しらべてお**け** 조사해 놔라

예 出(で)る 나가다 → でて い**け** 나가라
(でる 나가다 + いく 가다 → でて いく 나가다 → でて いけ)

예 だまって + いる 잠자코 있다 → だまってい**ろ** 입 다물어

예 評論(ひょうろん)**せよ・しろ** 평론해라

cf) いずれに せよ・いずれに しろ[26] 어쨌든

독해연습 문장을 해석하고 (2)~(8)은 동사 기본형을 쓰세요.

(1) 弁護士(べんごし)の 最大(さいだい)の 報酬(ほうしゅう)は 良(よ)い 仕事(しごと)だ！

(2) 小(ちい)さな 信用(しんよう)を 積(つ)み上(あ)げろ！

---

26) いずれ는 '어느 쪽'이란 뜻이고 せよ·しろ는 '해라'란 뜻이므로 직역하면 '어느 쪽으로 해라'가 된다. 그것이 변하여 '어쨌든'이란 뜻이 되었다.

(3) 誰にも 負けない 専門性を 持て！

(4) 最強の 人間関係力を 磨け！

(5) 経営者としての 力を 身に つけろ！

(6) 当たり前の ことを 継続せよ！

(7) 素直に 何でも 学べ！

(8) 前向きな 姿勢で 稼げる 弁護士を 目指せ！

「稼げる弁護士になる方法」 鳥飼重和, 2009

정답

(1) 변호사의 최대 보수는 좋은 일이다.	
(2) 작은 신용을 쌓아올려라.	つみあげる
(3) 누구에게도 뒤지지 않는 전문성을 가져라.	もつ
(4) 최강의 인간관계를 연마해라.	みがく
(5) 경영자로서의 힘을 몸에 붙여라.	つける
(6) 당연한 일을 계속해라.	する
(7) 고분고분 무엇이든 배워라.	まなぶ
(8) 적극적인 자세로 돈 벌수 있는 변호사를 지향해라.	めざす

작문연습 아래 단어를 이용하여 완성된 문장을 만드세요.

(1) 구하면 얻어진다 求(もと)める・与(あた)える (수동)

(2) 찾으면 발견한다 探(さが)す・見(み)つかる

(3) 두드리면 열린다 叩(たた)く・開(ひら)く (수동)

(4) 노력하면 이길 수 있다 頑張(がんば)る・勝(か)つ (가능)

(5) 연습하면 말할 수 있다 練習(れんしゅう)する・話(はな)す

정답

(1) 求(もと)めれば 与(あた)えられる

(2) 探(さが)せば 見(み)つかる

(3) 叩(たた)けば 開(ひら)かれる

(4) 頑張(がんば)れば 勝(か)てる

(5) 練習(れんしゅう)すれば 話(はな)せる

쉬어가는 코너

雨(あめ)にも 負(ま)けず　　비에도 지지 않고

宮沢賢治 (みやざわ けんじ 1896~1933)

雨(あめ)にも 負(ま)けず	비에도 지지 않고
風(かぜ)にも 負(ま)けず	바람에도 지지 않고
雪(ゆき)にも 夏(なつ)の 暑(あつ)さにも 負(ま)けぬ	눈에도 여름더위에도 지지 않는
丈夫(じょうぶ)な 体(からだ)を 持(も)ち	튼튼한 몸을 가지고
欲(よく)は 無(な)く	욕심은 없고
決(けっ)して 怒(いか)らず	결코 성내지 않으며
いつも 静(しず)かに 笑(わら)って いる	언제나 조용히 웃고 있어
一日(いちにち)に 玄米四合(げんまいよんごう)と	하루에 현미 4홉과
味噌(みそ)と 少(すこ)しの 野菜(やさい)を 食(た)べ	된장과 약간의 야채를 먹으며
あらゆる 事(こと)を	모든 일을
自分(じぶん)を 勘定(かんじょう)に 入(い)れずに	자신을 계산에 넣지 않고
よく 見聞(みき)きし 分(わ)かり	잘 보고 듣고 알며
そして 忘(わす)れず	그리고 잊지 않으며

野原(のはら)の 松(まつ)の 林(はやし)の 陰(かげ)の	들판 솔 숲 그늘의
小(ち)さな 茅葺(かやぶき)の 小屋(こや)に いて	조그만 초가지붕 오두막에 살면서
東(ひがし)に 病気(びょうき)の 子供(こども) あれば	동쪽에 아픈 아이 있으면
行(い)って 看病(かんびょう)して やり	가서 간호해 주고
西(にし)に 疲(つか)れた 母(はは)あれば	서쪽에 지친 어머니 있으면
行(い)って その稲(いね)の 束(たば)を 負(お)い	가서 그 볏단을 져주고
南(みなみ)に 死(し)にそうな 人(ひと)あれば	남쪽에 죽어 가는 사람 있으면
行(い)って怖(こわ)がらなくてもいいと言(い)い	가서 두려워 말라 일러주고
北(きた)に 喧嘩(けんか)や 訴訟(そしょう)が あれば	북쪽에 싸움이나 소송이 있으면
つまらないから 止(や)めろと 言い	부질없으니 그만 두라 말하고
日照(ひで)りの 時(とき)は 涙(なみだ)を 流(なが)し	가뭄이 들면 눈물 흘리고
寒(さむ)さの 夏(なつ)は おろおろ 歩(ある)き	추위 닥친 여름엔 허둥지둥 걸으며
皆(みんな)に 木偶(でく)の坊(ぼう)と 呼(よ)ばれ	모두에게 멍청이라 불리우고
褒(ほ)められも せず	칭찬도 받지 않고
苦(く)にも されず	부담도 되지 않는
そう いう ものに	그런 사람이
私は なりたい	나는 되고 싶다.

6 週次

제11강 동사활용 (o) 권유·의지·추측

V1 u→o+う ~자, ~야지, 겠다

구 분	각 품사별 공식		
권 유 의 지 추 측	N AN	だ(= である) →	だろう(= であろう)
		N이다(AN하다)	이겠지(~일 것이다)
		ではない →	ではないだろう(= でなかろう)
		N이지 않다(AN지 않다)	아니겠지(아닐 것이다)
	A	A기 + だろう(= かろう)・V기 + だろう	~ㄹ 것이다, 할 것이다
	V1	u → o + う	~자, ~야지, 겠다
	V2	ru 탈락 + よう	
	V3	しよう	하자, 해야겠다, ~ㄹ 것이다
		こよう	오자, 와야겠다
	예 시		
	N	犯人だろう(= であろう)	범인일 것이다
	AN	適法だろう(= であろう)	적법할 것이다
		犯人ではないだろう(= でなかろう)	범인이 아닐 것이다
	A	おそいだろう(= おそかろう)	늦을 것이다
	V1	いおう	말해야겠다
	V2	いえよう	말할 수 있을 것이다
	V3	適用しよう	적용해야겠다
		行って こよう	갔다 와야겠다

1. V1 어미가 o단으로 변한 후 う를 붙이면

일상회화에서는 [**권유**(~하자), **의지**(~야지, ~겠다)]로 많이 쓰지만 논문 등 문장체에서는 [~ㄹ 것이다]의 뜻으로 주로 쓴다.

[~하려고 한다]의 표현은 [의지형 + と する(として いる)]

- **言(い)う** 말하다 → **いおう** 말하자, 말해야지, 말해야겠다

  예 言(い)って おこう　말해두자, 말해둬야지, 말해둬야겠다
  (言う → いって + おく → おこう)

- **行(い)く** 가다 → **いこう**　가자, 가야지, 가야겠다

  예 一緒(いっしょ)に いこう。　함께 가자, 가야지, 가야겠다.

- **書(か)く** 쓰다 → **かこう**　쓰자, 써야지, 써야겠다

  예 きれいに かこうと する。　예쁘게(반듯이) 쓰려고 한다.

- **ある** 있다 → **あろう** 있을 것이다

  예 難(むずか)しい ことも あろう。　어려운 일도 있을 것이다.

  cf) **である** ~이다 → **であろう**　~일 것이다

  예 目撃者(もくげきしゃ)であろう　목격자일 것이다

- **帰(かえ)る** → **かえろう** 귀가하자, 귀가해야지, 귀가해야겠다

  예 急(いそ)いで かえろうと する。　서둘러 귀가하려고 한다.

※ 문어체의 의지형은 V1 u → a + む = a + ん

예 帰(かえ)る → 帰らむ = 帰らん　돌아가야겠다 〈p.177〉

2. V2 ru 탈락 후 + よう 〈p.122〉의 よう와 비교할 것

예 出(で)る → すぐ 出よう 곧장 나가자, 나가야지, 나가야겠다

cf) すぐ 出る ように 準備(じゅんび)する。곧장 나가도록 준비하다.

예 みとめよう として いる。 인정하려고 하고 있다.
(みとめる → みとめよう + と + して いる)

3. 의지형을 병렬해서 [~든 ~든]의 표현으로 쓴다.

(1) N1 であろうと N2 であろうと ~이든 ~이든

예 職務発明であろうと 自由発明であろうと
직무발명이든 자유발명이든

＊ 職務発明(しょくむはつめい)・自由発明(じゆうはつめい)

(2) V1 o + うと (= うが)・V2 ru 탈락 + ようと (= ようが)

＊ 부정의 의지, 추측은 V1기 + まい V2 ru 탈락 + まい
V3 する → しまい[27]・くる → こまい

예 いう → いおうと(= うが) いうまいと(= まいが) 말하든 말든

예 いく → いこうと いくまいと 가든 말든

예 でる → でようと(= ようが) でまいと(= まいが) 나가든 말든

예 する → しようと しまいと 하든 말든

예 くる → こようと こまいと 오든 말든

＊ 二度(にど)と しまい。 두 번 다시 하지 말아야겠다.

---

27) する의 경우는 しまい・するまい 둘 다 쓴다.

4. 각 품사별 추측형

N・A・AN・ V기 + だろう(であろう) ~겠지, 일 것이다
だろうか 일까
でしょう 겠지요
A かろう (文)

예 犯人(はんにん)**だろう** 범인이겠지

예 まさか 彼(かれ)が 犯人(はんにん)**だろうか**。
설마 그가 범인일까?

예 重要(じゅうよう)な 判例(はんれい)**であろう**。
중요한 판례일 것이다.

예 確(たしか)か **であろう** 확실할 것이다
(確でかである → 確か**であろう**)

예 いつも 忙(いそが)しい**だろう** 언제나 바쁘겠지

예 今日(きょう) 裁判(さいばん)が ある **だろう**
오늘 재판이 있겠지

예 どう なる の **だろうか**。 어떻게 될 것인가?
(だ → **だろう**)

예 そう ではな**かろう**。 그렇지는 않을 것이다.
(そうだ → そうではない → ではな**かろう**)

작문연습 아래 단어를 이용하여 완성된 문장을 만드세요.

(1) 약간의 예를 들어두겠다 若干・例・挙(あ)げる・おく

(2) 단어를 외우자 単語(たんご)・覚(おぼ)える

(3) 공평하게 판단해야겠다 公平(こうへい)・判断(はんだん)する

(4) 생각해보겠다 考(かんが)える・みる

(5) 맞다고 할 수 있을 것이다 正(ただ)しい・言(い)える

정답

(1) 若干(じゃっかん)の 例(れい)を 挙(あ)げて おこう。

(2) 単語(たんご)を 覚(おぼ)えよう。

(3) 公平(こうへい)に 判断(はんだん)しよう。

(4) 考(かんが)えて みよう。

(5) 正(ただ)しいと いえよう。

독해연습 문장을 해석하고 크게 읽어 보세요.

(1) 判例(はんれい)の 説(せつ)に 与(くみ)すべき ことに なろう。

(2) 新(あら)たに 問題(もんだい)と する ことが 可能(かのう)と なる ことも 理解(りかい)されよう。

(3) ますます 重要(じゅうよう)に なる だろう。

(4) この ことは 何(なに)を 意味(いみ)する の であろうか。

(5) その 法的効果(ほうてきこうか)を 除(のぞ)いた もの と いって よかろう。

정답

(1) 판례의 설에 따라야 할 것이다.

(2) 새롭게 문제 삼는 것이 가능하게 되는 것도 이해될 것이다.

(3) 점점 중요하게 될 것이다.

(4) 이 점은 무엇을 의미하는 것일까?

(5) 그 법적효과를 제외한 것이라고 말해도 좋을 것이다.

해설 및 정답

(1) 与(くみ)する 가담하다, 편들다 + べき(동사의 기본형에 접속하여 '응당 ~해야 함', '~ㄹ 수 있다') する = す(고어)
与(くみ)する = 与(くみ)す
こと+に 것이 なる 되다 なろう 될 것이다

(2) と なる ~로 되다
理解(りかい)する → される 되다 → され(る탈락) +よう 될 것이다

(3) ますます 점점 重要(じゅうよう)に 중요하게
と なる = に なる + だろう 이 될 것이다

(4) V기+の(~ㄴ 것) + である 이다 → であろう ~ㄹ 것이다
である → であろう + か ~것일까?

(5) 除(のぞ)く 제외하다 → のぞいた 제외하였다 + もの(것)
と いう (~라고 말하다) → いって よい 말해도 좋다
→ よい + だろう = よかろう(고어; 좋을 것이다)

쉬어가는 코너

드라마 대사 (비기너 : 사법연수원 이야기)

1 화 8 : 14부터 (사법수습생 입소파티)

9 : 00

そろそろ 終(お)わるわ。 이제 거의 끝났어.

うん。 응!

はい、はい、何(なに) 二次会(にじかい)なんて 行(い)かないわよ。
네, 네, 2차 같은 건 안 가!

それより すごいわよ。 그보다 굉장해!

立食(りっしょく)だよ。食(た)べ放題(ほうだい)だよ。
뷔페식이야, 맘껏 먹을 수 있는 거야.

メロンなんか 山(やま)ほど あるのよ。
메론 같은 거 산더미같이 있어!

あ、終(お)わった みたい。 아 끝났나봐!

すみません、ごめんなさい。 죄송합니다.

すみません。 실례합니다.

事務局(じむきょく)の 方(かた) いらっしゃいませんか。
사무국 직원 분 안 계세요?

事務局(じむきょく)の 教務課(きょうむか)の 方(かた) いらっしゃいませんか。 사무국의 교무과 분 안 계세요?

はい、何(なん)ですか。 네, 무슨 일이죠?

あ! すみません。 아, 죄송합니다.

何(なん)ですか これは。 뭐죠 이건?

今日(きょう) 出(だ)された 課題(かだい)です。 오늘 내준 과제예요.

名前(なまえ)が 書(か)いて ない。 이름이 안 쓰여 있어요.

10 : 00

お願(ねが)いします。 부탁드립니다.

こういう 所(ところ)に こんな ものを 持(も)って こられても 困(こま)りますね。 이런 곳에 이런 걸 가져오면 곤란하죠.

でも 事務局(じむきょく)は もう 閉(しま)って いたから …
사무국이 벌써 닫혀있어서 …

事務局(じむきょく)は 九時(くじ)から 五時(ごじ)までですからね。
사무국은 9시에서 5시까지니까요.

今日(きょう) 五時(ごじ)まで 提出(ていしゅつ)だったんです。
오늘 5시까지 제출이었어요.

ちょっと、お話(はなし)に なりませんね。
좀, 이야기가 안 되겠어요.

それ 何(なに)するんですか。 그게 뭐하는 겁니까?

ひでいなあ。 너무 하잖아요. ＊ 酷(ひど)い

何(なに)も 放(ほう)り投(な)げる こと ないんじゃいですか。
아무리 그래도 그렇지 던질 건 없잖아요.

お友(とも)だちですか。 친구 분이세요?

いいえ。 아니요.

落(お)ちたんです。 떨어진 겁니다.

書類(しょるい)を 放(ほう)り投(な)げる なんて あっては ならない ことです。 서류를 내팽개치는 따위 있어서는 안 되는 것입니다.

大体(だいたい) 左(ひだり) 余白(よはく) 半分(はんぶん) 二ヶ所(にかしょ)を ホッチキスで 綴(と)じる と いう 規則(きそく)を 守(まも)って ませんね。
대체로 왼쪽 이등분의 두 군데를 스테이플로 찍는다고 하는 규칙을 지키지 않았네요.

規則(きそく)でない ので 受(う)け取(と)れません。
규칙이 아니라서 접수할 수 없습니다.

すみません。 죄송합니다.

いいえ 誤(あやま)る こと ないよ。 사죄할 필요 없어요.

せっかく 書(か)いて 来(き)たんだから 預(あず)かって あげれば いいじゃないですか。 모처럼 써왔는데 맡아주면 되잖아요.

冗談(じょうだん)でしょう。 농담이겠죠?

お願(ねが)いします。 부탁합니다.

11 : 00

時間(じかん)も 守(まも)れない ような 司法修習生が 書(か)いた もの など 教官(きょうかん)に はねられて ゴミ箱行(ばこゆ)きに 決(き)まって ます。
시간도 지키지 못하는 것 같은 연수생이 쓴 것 따위 교수에게 튕겨져서 쓰레기통으로 갈게 뻔합니다.

規則(きそく)を 犯(おか)して まで 受(う)け取(と)る 義務(ぎむ)は ございません。 규칙을 어기면서까지 접수해야할 의무는 없습니다.

何(なん)ですか。それ、 뭡니까, 그게?

止(や)めなさい。 그만둬!

指定日時(していにちじ)に 提出(ていしゅつ) できない 場合(ばあい)は 翌朝(よくちょう) その旨(むね)を 申(もう)し出(で)た 上(うえ) 係員(かかりいん)の 指示(しじ)に 従(したが)って 提出(ていしゅつ)して 下(くだ)さい。
지정일시에 제출하지 못한 경우에는 다음날 아침 그 이유를 말한 다음 담당자의 지시에 따라 제출해주세요.

それが 規則(きそく)で ございます。 그것이 규칙입니다.

11 : 35

すみませんでした。 죄송했습니다.

すみません。 죄송합니다.

時間厳守(じかんげんしゅ)は 最低限(さいていげん)の ルールだよ。
시간엄수는 최소한의 룰이야!

時間(じかん) 守(まも)れなかった あなたの 方(ほう)が 悪(わる)いわ。
시간 지키지 않은 네가 나빠

すみません、ありがとう。 죄송합니다. 고마워요!

じゃ、次(つぎ)へ 行(い)きましょうよ。 자, 다음(장소)에 갑시다

どこだったかしら。 어디였더라.

二次会(にじかい)も あるんですか。 2차도 있어요?

聞(き)いて ないの。 못 들었어요?

どうせ 若(わか)い 連中(れんちゅう)だけが 行(い)くんでしょう。
わたしは、… 어차피 젊은 애들만 가는 거죠. 저야 뭐…

私も だれからも 誘(さそ)って もらえなかった。
나도 아무한테도 권유받지 못했어. (아무도 같이 가자고 안 함)

だれからも 誘(さそ)って こなかった。
어느 누구도 권유해 오지 않았어!

え、くそ 俺(おれ)もだ。 분해, 나도야!

12：01

知(し)ってる？ 二次会(にじかい)の 場所(ばしょ)、
알고 있어요? 2차 장소

知(し)る わけ ないか。 알 리가 없나?

なんで。 왜?

誰(だれ)とも 話(はな)して なかった みたいだから
아무하고도 이야기하지 않은 것 같으니까.

見(み)てたの。 보고 있었어요?

ずっと 見(み)てた わけじゃありませんけど
아니 쭉 보고 있었던 건 아니지만

あなたも 若(わか)い 連中(れんちゅう)から 浮(う)いちゃった くちですか。 당신도 젊은 사람들한테 버림받았나보군!

あ！ つゆだくの人だ。 아, '츠유다꾸' (질문 받은 사람이다!)

桐原(きりはら)勇平(ゆうへい)さんでしょうね。 키리하라씨죠?

元(もと) 財務省(ざいむしょう)の 전 재무성의

ああそうだ。 아 맞아!

週刊紙(しゅうかんし)に 載(の)ってた 人(ひと)ですよね。

주간지에 나왔던 사람이군요!

写真(しゃしん)で みた より いい 男(おとこ)ね。

사진으로 본 것보다 괜찮은 남자네.

あの 写真(しゃしん)は わざと 悪(わる)そうな 顔(かお)を 使(つか)うんだよな。

그 사진은 일부러 나쁘게 보이는 사진을 사용한 거지.

でも みんな よく 俺(おれ)って わかるよな。

그런데도 용케 나라는 걸 알아 봤네!

だから、だれからも 二次会(にじかい)に 誘(さそ)われなかったんだ。

그러니까 아무도 2차를 같이 가자고 한 사람이 없었던 거로군.

誘(さそ)われてましたよ、これ 吸(す)ったら 行(い)こうと 思(おも)ってたんだ。

권유받았어요, 이거 피우고 나서 가려고 했던 거라고요.

じゃ、この人に ついて 行こう。 자 이 사람을 쫓아가자.

あ そうだ。 네 그러죠.

6 週次

제12강 독해연습 〈헌법〉

憲法(けんぽう)

원문

第10条 日本国民たる要件は、法律でこれを定める。

해석

日本国民(にほんこくみん)たる 要件(ようけん)は 일본국민인 요건은
法律(ほうりつ)で これを 定(さだ)める 법률로 이를 정한다.

어구해설

たる ~인 기본형: たり(이다) → たる(인) + N
は(은, 는): 조사일 때 발음은 [하]가 아니고 [와]
で 으로, 에서 これ(이것) + を(을, 를)
定(さだ)める 정하다

해석연습 아래 문장을 해석하시오.

(1) 学生たるものは、勉強すべきである。

(2) 法曹(ほうそう)たる資格(しかく)は
司法試験(しほうしけん)規則(きそく)で定(さだ)める。

정답

(1) 학생인 자는 공부해야 한다. する → すべき
(2) 법조인자격은 사법시험규칙으로 정한다.

원문

第11条
国民は、すべての基本的人権の享有を妨げられない。
この憲法が国民に保障する基本的人権は、侵すことのできない永久の権利として、現在及び将来の国民に与へられる。[28]

해석

国民(こくみん)は、**全(すべ)ての** 基本的人権(きほんてきじんけん)の 享有(きょうゆう)を 妨(さまた)げられない。

국민은 모든 기본적 인권의 향유를 방해받지 않는다.

この 憲法(けんぽう)が 国民(こくみん)に 保障(ほしょう)する 基本的人権(きほんてきじんけん)は、

이 헌법이 국민에게 보장하는 기본적 인권은

侵(おか)す **ことの できない** 永久(えいきゅう)の 権利(けんり)として、

침범할 수 없는 영구권리로서

現在(げんざい) **及(およ)び** 将来(しょうらい)の 国民(こくみん)に 与(あた)えられる。

현재 및 장래의 국민에게 부여된다.

---

28) 일본국헌법은 1946년 제정되었기 때문에 옛 仮名(かな)표기이다.
현재 う로 끝나는 동사는 ふ로 표기했지만 실제 발음은 wu였다.
与ふ(古語) = 与(あた)える

어구해설

全(すべ)て 모두, 모든 (あらゆる)
妨(さまた)げる 방해하다 → さまたげ+られる (수동) 방해받다
さまたげられ+ない (부정) 방해받지 않다, 무방하다
この 이 その 그 あの 저 どの 어느 が 이, 가 に 에, 에게

☆ 동사는 명사수식과 서술형이 같다.
현재, 미래시제 = 기본형, 과거시제 = た (또는 だ)
예 保証(ほしょう) する 보장하다
→ 保証する権利(けんり) 보장하는, 보장할 권리
→ 保証した権利 보장한 권리

☆ V기 + ことが できる ↔ できない ~할 수 있다(없다)
예 侵(おか)す 침범하다 → 侵すことができる 침범할 수 있다
侵すことができない 침범할 수 없다
※ 侵すことのできる : 다음에 따라오는 명사(권리)를 수식하기 위해서 조사 'が' 대신 'の'로 바꿔 썼음

☆ として ~로서, ~로 하여
☆ 与(あた)へられる = 与えられる 부여하다(현대어) 与ふ (古語)
与える → あたえ(る탈락) + られる (수동)
→ あたえられる 부여되다

원문

第12条
この憲法が国民に保障する自由及び権利は、国民の不断の努力によって、これを保持しなければならない。又、国民は、これを濫用してはならないのであつて、[29] 常に公共の福祉のためにこれを利用する責任を負ふ。[30]

해석

この 憲法(けんぽう)が 国民(こくみん)に 保障(ほしょう)
이 헌법이 국민에게 보장

する 自由(じゆう) 及(およ)び 権利(けんり)は、
하는 자유 및 권리는

国民(こくみん)の 不断(ふだん)の 努力(どりょく)に
국민의 부단한 노력에

よって これを 保持(ほじ)し**なければ ならない**。
의해 이를 보호유지하지 않으면 안 된다.

又(また) 国民(こくみん)は これを 濫用(らんよう)**しては**
또한 국민은 이를 남용해서는

ならない の であって 常(つね)に 公共(こうきょう)の
안 되는 것이며 항상 공공의

福祉(ふくし)の ために これを 利用(りよう)する
복지를 위하여 이를 이용할

責任(せきにん)を 負(お)う。책임을 진다

어구해설

に よる 에 의하다　よって 의하여

29) 옛 仮名(かな)표기는 촉음(작게 쓰는 っ)이 없었다.
30) 155면 각주 26 참조.

する 하다 → しない 하지 않다
→ しなければ 하지 않으면＋ならない 해야 된다
又(また) 또한 ~しては ならない ~해서는 안 된다
の + であって 것이며, 것이어서
常(つね)に 항상 N＋の + ために ~를 위하여
責任(せきにん)を 負(お)う 책임을 지다

원문

第9条 戦争放棄、軍備及び交戦権の否認
① 日本国民は、正義と秩序を基調とする
国際平和を誠実に希求し、国権の発動たる戦争と、
武力による威嚇又は武力の行使は、
国際紛争を解決する手段としては、
永久にこれを放棄する。
② 前項の目的を達するため、
陸海空軍、その他の戦力は、これを保持しない。
国の交戦権はこれを認めない。

해석

第(だい)9条(じょう) 戦争(せんそう)放棄(ほうき)、軍備(ぐんび) **及(およ)び** 交戦権(こうせんけん)の否認(ひにん)
전쟁포기, 군비 및 교전권의 부인

① 日本国民(にほんこくみん)は、正義(せいぎ)と 秩序(ちつじょ)を 基調(きちょう)**と する**
일본국민은, 정의와 질서를 기조로 하는

国際平和を 誠実に 希求し、国権の発動たる 戦争と、

국제 평화를 성실히 희구하고, 국권의 발동인 전쟁과,

武力に よる 威嚇 又は 武力の 行使は、

무력에 의한 위협 또는 무력의 행사는

国際紛争を 解決する 手段としては、

국제 분쟁을 해결하는 수단으로서는

永久に これを 放棄する。

영구히 이를 포기한다.

② 前項の目的を 達する ため、

전항의 목적을 달성하기 위하여,

陸海空軍 その他の 戦力は、これを 保持しない。

육해공군 기타의 전력은 이를 보유하지 않는다.

国の 交戦権は、これを 認めない。

국가의 교전권은 이를 인정하지 않는다.

어구해설

と 과　に よる 에 의하다

又(また)は・或(あるい)は・若(も)しくは

としては ~으로서는 ~라 해서는

ため 위해, 때문에 Nのため, V기+ため

ない 1. 없다 2. ~지 않다.

V1 u → a+ない　V2 u →(る 탈락)+ない

V3 する → し+ない・くる → こ+ない

연습 아래의 동사의 부정형을 쓰세요.

(1) 争(あらそ)う　다투다

(2) 行(い)く　가다

(3) 行(おこな)う　행하다

(4) 生(しょう)じる　생기다

(5) 諦(あきら)める　포기하다

(6) 放棄(ほうき)する　포기하다

(7) 考(かんが)える　생각하다

(8) 認(みと)める　인정하다

(9) 保(たも)つ　유지하다

(10) 保持(ほじ)する　보호, 유지하다

(11) 持(も)って くる　가지고 오다

정답

(1) あらそわない (2) いかない (3) おこなわない (4) しょうじない
(5) あきらめない (6) ほうきしない (7) かんがえない (8) みとめない
(9) たもたない (10) ほじしない (11) もってこない

쉬어가는 코너

桃太郎(ももたろう)[31]

桃太郎(ももたろう)さん 桃太郎さん　모모타로씨 모모타로씨
お腰(こし)に つけた 吉備団子(きびだんご)　허리에 찬 수수경단
一(ひと)つ 私(わたし)に 下(くだ)さいな　하나 저에게 주세요.

あげましょう あげましょう　줄게요, 줄게요.
これから 鬼(おに)の 征伐(せいばつ)に　지금부터 도깨비 정벌에
ついて 行(い)くなら あげましょう　따라 간다면 줄게요.

行(い)きましょう 行きましょう　갈게요, 갈게요.
あなたに ついて どこまでも　당신을 좇아서 어디까지고
家来(けらい)に なって 行きましょう　하인이 되어 갈게요.

---

31) 복숭아에서 태어난 모모타로는 도깨비정벌에 나서는 길에 개, 원숭이, 꿩을 차례 차례 만나고 이들과 함께 도깨비 퇴치에 성공한다는 이야기이다.

제13강 독해연습 〈민법〉

民法 (みんぽう)

원문

私権は、公共の福祉に適合しなければならない。
権利の行使及び義務の履行は、
信義に従い誠実に行わなければならない。
権利の濫用は、これを許さない。

해석

私権(しけん)は 公共(こうきょう)の 福祉(ふくし)に
사권은 공공의 복지에

適合(てきごう)しなければならない。 적합하지 않으면 안 된다.

権利(けんり)の 行使(こうし) 及(およ)び 권리의 행사 및

義務(ぎむ)の 履行(りこう)は 信義(しんぎ)に 従(したが)い
의무이행은 신의에 따라

誠実(せいじつ)に おこなわなければならない。
성실히 행하지 않으면 안 된다.

権利(けんり)の 濫用(らんよう)は これを 許(ゆる)さない。
권리의 남용은 이를 허용하지 않는다.

어구해설

及(およ)び 및　従(したが)う 따르다　したがい 따라 (중지)

する → し + ない → しなければ+ならない

하다, 하지 않다, 하지 않으면 안 된다

行(おこな)う → おこなわ + ない → おこなわなければ + ならない

행하다, 행하지 않다, 행하지 않으면 안 된다

원문

この法律は、個人の尊厳と両性の本質的平等を旨として、解釈しなければならない。

해석

この 法律(ほうりつ)は 個人(こじん)の 尊厳(そんげん)と

이 법률은 개인의 존엄과

両性(りょうせい)の 本質的(ほんしつてき) 平等(びょうどう)を

양성의 본질적 평등을

旨(むね)として 解釈(かいしゃく)しなければならない。

취지로 하여 해석해야 한다.

어구해설

旨(むね) 취지, 내용　として ~로 하여, ~로서

원문

民法において、権利の主体は人である。
ここにいう人には、自然人(人間)と法人がある。

해석

民法(みんぽう)に おいて、〈p.74〉 민법에 있어서,

権利(けんり)の 主体(しゅたい)は 人(ひと)である。
권리의 주체는 사람이다.

ここに いう 人(ひと)には 自然人(しぜんじん){人間(にんげん)}と
여기에서 말하는 사람에는 자연인(인간)과

法人(ほうじん)が ある。 법인이 있다.

어구해설

に おいて ~에 있어서　　に おける+N ~에 있어서의 〈p.74〉

이다(문어체) たり・なり・である

이다(구어체) だ・なのだ・なんだ

예 공법이다	公法(こうほう)である
예 공법인 헌법	公法である(=たる)憲法(けんぽう)
예 당신이 범인이다	あなたが 犯人(はんにん)だ

ある ~가 있다(사물, 사항)　　いる ~가 있다(사람, 동물)

に いう ~에서 말하는　　と いう ~라고 말하는

연습 아래 문장을 작문하세요.

(1) 이것은 책이다. (6가지로 말해보기) 〈p.78〉

(2) 그것은 사건기록이며 저것은 판결문이다.

(3) 법정에는 많은 사람이 있다.

(4) 책상 위에 서류가 많이 있다.

(5) 헌법에 있어서 중요한 것은 인권이다.

정답

(1) これは本(ほん)だ(=である・なのだ・なんだ・たり・なり)。

(2) それは事件記録(じけん(きろく)で、あれは
判決文(はんけつぶん)である。

(3) 法廷(ほうてい)にはたくさんの人(ひと)がいる。

(4) 机(つくえ)の上(うえ)に書類(しょるい)がたくさんある。

(5) 憲法(けんぽう)において重要(じゅうよう)なのは
人権(じんけん)である。

원문

子が父又は母と氏を異にする場合には、子は、家庭裁判所の許可を得て、戸籍法の定めるところにより届け出ることによって、その父又は母の氏を称することができる。

해석

子(こ)が 父(ちち) **又(また)は** 母(はは)と 氏(し)を **異(こと)に する** 場合(ばあい)には、
자가 아버지 또는 어머니의 성씨를 달리하는 경우에는,

子(こ)は 家庭裁判所(かていさいばんしょ)の 許可(きょか)を**得(え)て**、 자는 가정재판소의 허가를 얻어

戸籍法(こせきほう)の 定(さだ)める **ところに より** 호적법이 정하는 바에 따라

届(とど)け出(で)る ことに よって、 신고하는 것에 의해(신고함으로서)

その 父(ちち) 又(また)は 母(はは)の 氏(し)を 称(しょう)する **ことが できる**。
그 아버지 또는 어머니의 성씨를 칭할 수 있다.

어구해설

又(また)は・或(あるい)は・若(も)しくは： 또는

異(こと)に する 달리하다

cf) 다르다 異(こと)なる・違(ちが)う

得(え)る 얻다 → 得(え)て 얻고

V기+ところに より ~는 바에 따라, 의해

V기+ことに よって(=より) ~것에 의해(= ~함으로서)

V기+ことが できる ~것이 가능하다(= ~할 수 있다)

원문

父又は母が氏を改めたことにより子が父母と氏を異にする場合には、子は、父母の婚姻中に限り、前項の許可を得ないで、戸籍法の定めるところにより届け出ることによって、その父母の氏を称することができる。

해석

父 又は 母が 氏を **改めた ことに より**

아버지 또는 어머니가 성씨를 변경한 것에 의해(함으로서)

子が 父母と氏を **異に する** 場合には、

자가 부모와 성씨를 달리하는 경우에는,

子は父母の 婚姻中に **限り**、前項の 許可を **得ないで**、

자는 부모의 혼인 중에 한하여 전항의 허가를 얻지 않고,

戸籍法の定める**ところに より 届け出る ことに よって**

호적법이 정하는 바에 따라 신고함으로서

その 父母の 氏を 称する **ことが できる**。

그 부모의 성씨를 칭할 수 있다.

어구해설

改(あらた)める 고치다 → 改(あらた)めた 고쳤다 (과거)

cf) 改(あらた)めて 고쳐서(고치고), 새삼

限(かぎ)る 한하다 → 限(かぎ)り(= 限(かぎ)って) 한하여

得(え)る 얻다 → 得(え)ないで 얻지 않고 (상태)
→ 得(え)なくて 얻지 않아서, 얻지 못해서 (이유)
届(とど)け出(で)る 신고하다 → 届(とど)け出(で) 신고, 신고서

원문

> 子が十五歳未満であるときは、その法定代理人が、これに代わって、前二項の行為をすることができる。

해석

子(こ)が 十五歳(じゅうごさい) **未満(みまん)である** ときは、その 法定代理人(ほうていだいりにん)が、

자가 15살 미만일 때는 그 법정 대리인이

これに **代(かわ)って**、前二項(ぜんにこう)の 行為(こうい)をする **ことが できる**。

그 자를 대신하여 전 2항의 행위를 할 수 있다.

어구해설

N+である 이다 +とき 일 때

に 代(かわ)って ~를 대신하여 (かわる)

V기+ことが できる ~를 할 수 있다.

원문

前三項の規定により氏を改めた未成年の子は、成年に達した時から一年以内に戸籍法の定めるところにより届け出ることによって、従前の氏に復することができる。

해석

前三項(ぜんさんこう)の 規定(きてい)**に より** 氏(し)を 改(あらた)めた 未成年(みせいねん)の子(こ)は、

전 3항의 규정에 의해서 성씨를 고친 미성년의 자는

成年(せいねん)に 達(たっ)した 時(とき)から　　성년에 달한 때로부터

一年(いちねん) 以内(いない)に 戸籍法(こせきほう)の 定(さだ)める **ところに より**

1년 이내에 호적법이 정하는 바에 따라

届(とど)け出(で)る **ことに よって**、　　신고함으로서

従前(じゅうぜん)の 氏(し)に 復(ふく)する **ことが できる**。

이전의 성씨로 복귀할 수 있다.

어구해설

に より(=よって)	~에 의해, 따라서
定(さだ)める ところに より	정하는 바에 따라
V기+ことに よって	~함으로서

7 週次

제14강 독해연습 〈행정법〉

行政法 (ぎょうせいほう)

원문 国家公務員法

第一章 総 則

(この法律の目的及び効力)

第一条 ① この法律は、国家公務員たる職員について適用すべき各般の根本基準(職員の福祉及び利益を保護するための適切な措置を含む。)を確立し、職員がその職務の遂行に当り、最大の能率を発揮し得るように、民主的な方法で、選択され、且つ、指揮されるべきことを定め、以て国民に対し、公務の民主的且つ能率的な運営を保障することを目的とする。

② この法律は、もっぱら日本国憲法第七十三条にいう官吏に関する事務を掌理する基準を定めるものである。

③ 何人も、故意に、この法律又はこの法律に基づく命令に違反し、又は違反を企て若しくは共謀してはならない。又、何人も、故意に、この法律に基づく命令の施行に関し、虚偽行為をなし、若しくはなそうと企て、又はその施行を妨げてはならない。

④ この法律のある規定が、効力を失い、又はその適用が無効とされても、この法律の他の規定又は他の関係における適用は、その影響を受けることがない。
⑤ この法律の規定が、従前の法律又はこれに基づく法令と矛盾し又はてい触する場合には、この法律の規定が、優先する。

해석 국가공무원법

(この法律の目的及び効力)　이 법률의 목적 및 효력

① この法律は、国家公務員**たる**職員**について**適用**すべき** 〈p.290〉

이 법률은 국가공무원인 직원에 대하여 적용해야할

各般の 根本基準(職員の 福祉 **及び** 利益を 保護する

각 제반의 근본기준(직원의 복지 및 이익을 보호하기

ための 適切な 措置を 含む。)を 確立し、職員が

위한 적절한 조치를 포함한다)을 확립하고, 직원이

その 職務の 遂行**に 当たり**、最大の 能率を 発揮**し得る**

그 직무수행 시, 최대의 능률을 발휘할 수

ように民主的な 方法で、選択され、**且つ**、指揮される

있도록 민주적인 방법으로 선택되고 동시에 지휘 받아야

べき ことを 定め、**以て** 国民に 対し、公務の 民主的

하는 것을 정하고, (따라서) 국민에 대해 공무의 민주적이고

且つ 能率的な 運営を 保障する ことを 目的と **する**。

동시에 효율적인 운영을 보장할 것을 목적으로 한다.

② この 法律は、**もっぱら** 日本国憲法 第七十三条に

이 법률은 오직 일본국헌법 제73조에서

いう 官吏に **関する** 事務を **掌理**する 基準を

말하는 관리에 관한 사무를 처리하는 기준을

定める もの である。 정하는 것이다.

③ **何人も**、故意に、この 法律 **又は** この 法律に

누구라도 고의로 이 법률 또는 이 법률에

基づく 命令に違反し、**又は** 違反を **企て 若しくは**

기초한 명령을 위반하거나 위반을 꾀하거나 혹은

共謀しては **ならない**。又、**何人も**、故意に、この法律

공모해서는 안 된다. 또한 누구라도 고의로 이 법률

又は この法律に **基づく** 命令の 施行に 関し、

또는 이 법률에 기초한 명령의 시행에 관하여

虚偽行為を **なし**、若しくは **なそうと** 企て、

허위행위를 하거나 혹은 하려고 꾸미거나

又は その 施行を **妨げては ならない**。

또는 그 시행을 방해해서는 안 된다.

④ この 法律の **ある** 規定が、効力を **失い**、

이 법률의 어떤 규정이 효력을 잃거나

又(また)は その 適用(てきよう)が 無効(むこう)と **されても**、この法律(ほうりつ)の

또는 그 적용이 무효로 되더라도 이 법률의

他(ほか)の 規定(きてい) 又(また)は 他(ほか)の 関係(かんけい)**に おける** 適用(てきよう)は、

다른 규정 또는 다른 관계에 있어서의 적용은

その 影響(えいきょう)を 受(う)ける ことが ない。

그 영향을 받는 일이 없다.

⑤ この法律(ほうりつ)の 規定(きてい)が、従前(じゅうぜん)の 法律(ほうりつ) 又(また)は これに

이 법률의 규정이 종전의 법률 또는 이에

基(もと)づく 法令(ほうれい)と 矛盾(むじゅん)し 又(また)は **てい触(しょく)する** 場合(ばあい)には、

기초한 법령과 모순되거나 또는 저촉되는 경우에는

この法律(ほうりつ)の規定(きてい)が、優先(ゆうせん)する。

이 법률의 규정이 우선한다.

어구해설

たる 인 (文)　に ついて ~에 대하여 〈p.74〉

適用する 하다 → す＋べき 적용해야 할 〈p.290〉

V기＋ため(N)＋の＋措置 ~기 위한 조치

確立する → し 하고(중지)　遂行に 当り 수행할 때에(当る)

発揮する＋得(う)る → 発行し得る 발휘할 수 있다＋ように 있도록

選択(せんたく)される → され 되고　且(か)つ 또한, 동시에

定(さだ)める → 定め 정하고　以(もっ)て 따라서

に 対(たい)する → 対し 대하여　専(もっぱ)ら 오직

に 基(もと)づく 기초하다, 기초하는　違反する → 違反し 위반하고

企(くわだ)てる → 企て 계획하고

共謀しては ならない 공모해서는 안 된다.

虚偽行為を なす → なそう(의지형)〈p.140〉 + と(조사)

妨(さまた)げる 방해하다 → 妨げては ならない 방해해서는 안 된다

失(うしな)う 잃다 → 失い 잃고

される 되다 → されて＋も 되더라도　に おける＋N ~에 있어서의

てい触〈p.47〉= 抵触(ていしょく) 저촉

원문 個人情報の保護に関する法律

第一章　総 則

(目 的)

この法律は　高度情報通信社会の進展に伴い個人情報の利用が著しく拡大していることにかんがみ 個人情報の適正な取扱いに関し、基本的理念及び政府による基本方針の作成その他の個人情報の保護に関する施策の基本となる事項を定め、国及び地方公共団体の責務等を明らかにするとともに、個人情報を取り扱う事業者の遵守すべき義務等を定めることにより、個人情報の有用性に配慮しつつ、個人の権利利益を保護することを目的とする。

해석 개인정보의 보호에 관한 법률

(目的(もくてき)) 목적

第一条(だいいちじょう) この 法律(ほうりつ)は、高度情報通信社会(こうどじょうほうつうしんしゃかい)の 進展(しんてん)に

이 법률은, 고도정보통신사회의 진전에

伴(ともな)い 個人(こじん) の 基本情報(きほんじょうほう)の利用(りよう)が 著(いちじる)しく 拡大(かくだい)して いる

따라 개인의 기본정보의 이용이 현저하게 확대하고 있는

ことに かんがみ、個人情報(こじんじょうほう)の 適正(てきせい)な 取扱(とりあつか)いに 関(かん)し、

것을 감안하여 개인정보의 적정한 취급에 관하여

基本理念(きほんりねん) および 政府(せいふ)に よる 個人情報方針(こじんじょうほうほうしん)の作成(さくせい)

기본이념 및 정부에 의한 개인정보방침의 작성

その 他(た)の 個人情報(こじんじょうほう)の 保護(ほご)に 関(かん)する 施策(しさく)の 基本(きほん)と

그 밖의 개인정보의 보호에 관한 시책의 기본이

なる 事項(じこう)を 定(さだ)め、国(くに) 及(およ)び 地方公共団体(ちほうこうきょうだんたい)の 責務等(せきむなど)を

되는 사항을 정하고 국가 및 지방공공단체의 책무 등을

明(あき)らかに する と ともに、個人情報(こじんじょうほう)を 取(と)り扱(あつか)う事業者(じぎょうしゃ)

명백히 하는 (것)과 동시에 개인정보를 취급하는 사업자

の 遵守(じゅんしゅ)すべき義務等(ぎむなど)を 定(さだ)める ことに より、個人情報(こじんじょうほう)

가 준수해야 할 의무 등을 정하는 것에 의해(함으로서) 개인정보

の 有用性(ゆうようせい)に 配慮(はいりょ)しつつ 個人(こじん)の 権利利益(けんりりえき)を 保護(ほご)する

의 유용성을 배려하면서 개인의 권리이익을 보호할

ことを 目的(もくてき)と する。 것을 목적으로 한다.

어구해설

この－その－あの－どの 이 – 그 – 저 – 어느

に 伴(ともな)い ~에 따라 ともなう 동반하다 → ともない(중지)

著(いちじる)しい 현저하다 → いちじるしく 현저하게

に かんがみ ~을 감안하여 鑑(かんが)みる → かんがみ(중지)

適正(てきせい)だ 적정하다 → 適正な 적정한 適正に 적정하게

に 関(かん)し ~에 관하여 関する → 関し(중지)

及(およ)び 및 およぶ(V) → および(N) 및 および 미치고(중지)

に よる ~에 의하다, 의한 → より ~의하여(중지)

と なる ~이 되다 定(さだ)める 정하다 → さだめ 정하고(중지)

明(あき)らかだ 명백하다 → あきらかに する 명백히 하다, 밝히다

と ともに ~과 함께 すべき する
→ す + べき(べし의 연체형) 해야 하는, 할 만한

V기+ことに より ~하는 것에 의해(= 함으로서)

しつつ 하면서 する → し + つつ

と する ~으로 하다

쉬어가는 코너

故郷(ふるさと)[32] 고향

高野辰之(たかのたつゆき) 작사 · 岡野貞一(おかのていいち) 작곡

1. 兎(うさぎ) 追(お)いし かの山	토끼 쫓던 그 산
小鮒(こぶな) 釣(つ)りし かの川	붕어 잡던 그 강
夢(ゆめ)は 今(いま)も めぐりて	꿈은 지금도 돌아
忘(わす)れがたき ふるさと	잊을 수없는 고향
2. いかに います 父母(ちちはは)	어떻게 지냅니까 아버지 어머니
恙(つつが) なしや 友垣(ともがき)	별일은 없는지, 친구들이여
雨(あめ)に 風(かぜ)に つけても	비바람에도
思(おも)い出(い)ずる ふるさと	생각나는 고향
3. 志(こころざし)を 果(は)たして	뜻을 이루고
いつの 日(ひ)にか 帰(かえ)らん	언젠가 돌아가리
山(やま)は 青(あお)き ふるさと	산이 푸른 고향
水(みず)は 清(きよ)き ふるさと	물이 맑은 고향

---

32) 위 가사는 1914년 소학교 6학년 교과서에 실린 이래 지금도 애창되는 곡이며, 문어체 문법을 따르고 있다.
し 과거 연체형　かの(= あの)　や〈p.73〉　めぐりて(= めぐって)
帰(かえ)らん의 ん은 의지형〈p.141〉　がたい〈p.124〉→ がたき,
青(あお)い → 青き, 清(きよ)い → 清き　きは 문어체 형용사의 연체형이다.

8 週次

제15강 독해연습 〈상법〉

商法（しょうほう）

원문

株式会社は法人であり、株主と別個の法人格を有する。しかし、一人会社のように株主と会社との関係が密接なケースでは、両者の法人格独立性を形式的に貫くことが、場合により正義·衡平に反することがある。

해석

株式会社(かぶしきがいしゃ)は法人(ほうじん)であり、株主(かぶぬし)と別個(べっこ)の法人格(ほうじんかく)を有(ゆう)する。

주식회사는 법인이며, 주주와 별개의 법인격을 갖는다.

しかし、一人会社(いちにんかいしゃ)の ように 株主(かぶぬし)と 会社(かいしゃ)との 関係(かんけい)が

그러나 1인회사과 같이 주주와 회사의 관계가

密接(みっせつ)な ケースでは、両者(りょうしゃ)の 法人格(ほうじんかく)の 独立性(どくりつせい)を 形式的(けいしきてき)に

밀접한 케이스에서는 양자의 법인격의 독립성을 형식적으로

貫(つらぬ)く ことが、場合(ばあい)に より 正義(せいぎ)・衡平(こうへい)に 反(はん)する ことが ある。

관철하는 것이 경우에 따라 정의, 형평에 반할 때가 있다.

어구해설

である 이다　であり(=であって) 이며, 이고, 이어서

しかし (=しかしながら) 그러나

N+の ようだ ~와 같다　ような 같은　ように 같이, 처럼

~と ~との ~와 ~의

한자수식어휘+な ~인

に よる ~에 의하다　に より(=よって) ~에 의해, 따라

V기+ことが ある(↔ ない) ~할 때(경우)가 있다

연습 아래 문장을 작문하세요.

(1) 나는 변호사이며 교수이다.

(2) 그러나 판사처럼 말한다.

(3) 검사와 판사의 관계

(4) 적절한 조치

(5) 사람에 따라 다르다.

(6) 결석할 때가 있다.

정답

(1) 私(わたし)は弁護士(べんごし)であり、教授(きょうじゅ)である。

(2) しかし判事(はんじ)のように言(い)う。 *cf)* 話(はな)す・述(の)べる・喋(しゃべ)る

(3) 検事(けんじ)と判事(はんじ)との関係(かんけい)

(4) 適切(てきせつ)な措置(そち)

(5) 人(ひと)によって違(ちが)う(異(こと)なる)

(6) 欠席(けっせき)することがある。

特許法(とっきょほう)

원문

「発明」とは、 自然法則を利用した技術的思想の創作のうち高度のものをいう。
「特許発明」とは、特許を受けている発明をいう。

해석

発明(はつめい)**とは** 自然法則(しぜんほうそく)を
발명이라 함은 자연법칙을

利用(りよう)した 技術的(ぎじゅつてき)思想(しそう)の
이용한 기술적 사상의

創作(そうさく)の **うち** 高度(こうど)の もの**を いう**。
창작 가운데 고도의 것을 말한다.

特許発明(とっきょはつめい)とは 特許(とっきょ)を 受(う)けて
특허발명이라 함은 특허를 받고
いる 発明(はつめい)を いう。 있는 발명을 말한다.

어구해설

とは (= と いう のは) ~라 함은 ~を いう ~를 말한다
うち 가운데 受(う)ける → うけて + いる 받고 있는

원문

特許を受けようとする者は、次に掲げる事項を記載した願書を特許庁長官に提出しなければならない。

해석

特許(とっきょ)を 受(う)けよう と する 者(もの)は
특허를 받으려고 하는 자는

次(つぎ)に 掲(かか)げる 事項(じこう)を 記載(きさい)した
다음에 게시된 사항을 기재한

願書(がんしょ)を 特許庁(とっきょちょう)長官(ちょうかん)に
출원서를 특허청장관에게

提出(ていしゅつ)しなければ ならない。
제출하지 않으면 안 된다.

어구해설

受(う)ける → うけ + よう (의지) + と する 받으려고 하는

掲(かか)げる 게시하다

する → し + ない 하지 않다 → し + なければ + ならない

하지 않으면 안 된다(해야 된다)

원문

特許出願人は、出願から特許査定に至るまで、明細書の補正等手続補正の機会が与えられており、出願公告に対する特許異議申立て、拒絶査定に対する不服の審判請求等意見陳述の機会が与えられている。

해석

特許出願人(とっきょしゅつがんにん)は、出願(しゅつがん)から 特許査定(とっきょさてい)に 至(いた)る まで、

특허출원인은 출원부터 특허사정에 이르기까지

明細書(めいさいしょ)の 補正等手続補正(ほせいなどてつづきほせい)の 機会(きかい)が 与(あた)えられて おり、

명세서의 보정 등 절차보정의 기회가 주어져 있고,

出願公告(しゅつがんこうこく)に 対(たい)する 特許異議申立(とっきょいぎもうした)て、拒絶査定(きょぜつさてい)に 対(たい)する

출원공고에 대한 특허이의신청, 거절사정에 대한

不服(ふふく)の 審判請求等意見陳述(しんぱんせいきゅうなどいけんちんじゅつ)の 機会(きかい)が 与(あた)えられて いる。

불복의 심판청구 등 의견진술의 기회가 주어지고 있다.

어구해설

から ~まで 부터 ~까지, V기 + まで (때)까지

至(いた)る 이르다 ＋まで 이를 때까지

与(あた)える 부여하다 → あたえ+られる(수동)

→ あたえられる → あたえられ＋て(어, 아)＋おる

おる (口) '있다'의 겸양, (文) いる (있다)와 같은 뜻

て いる(= て おる) ~고 있다

て おり ~고 있고

て おらず ~고 있지 않고

<동사 → 명사> V1 u → i V2 ru 탈락

연습 다음 동사를 명사로 만들어 보세요.

(1) 乗(の)る 타다 → 타기

(2) 換(か)える 바꾸다 → 바꾸기→ 환승

(3) 支払(しはら)う 지급하다 → 지급
払(はら)う + 戻(もど)す 되돌리다 = 환급

(4) 言(い)う + 渡(わた)す 말하다 + 건네주다 → 선고

(5) 申(もう)す + 立(た)てる 말씀드리다 + 세우다 → 신청
もうす + 入(い)れる 넣다 → 제의

(6) 差(さ)す + 止(と)める 내밀다 + 막다 → 금지

(7) 差(さ)す + 押(お)さえる 억누르다 → 압류

(8) 貸(か)す + 出(だ)す 빌려주다 + 내보내다 → 대출

(9) 引(ひ)く + 出(だ)す 당기다 → 인출, 서랍
引(ひ)く + 上(あ)げる 인상

(10) 取(と)る + 下(さ)げる 취하다 + 내리다 → 취하

정답

(1) のり * 乗(の)り物(もの) 탈 것
(2) かえ * のりかえ 환승 両替(りょうがえ) 환전
(3) 支払(しはら)い * 払(はら)い戻(もど)し 환급
(4) 言渡(いいわた)し
(5) 申立(もうした)て * 申(もう)し入(い)れ 제안
(6) 差止(さしと)め
(7) 差押(さしおさ)え
(8) 貸出(かしだし)
(9) 引出(ひきだし) * 引上(ひきあ)げ 인상
(10) 取下(とりさ)げ

변호사 직무 기본규정

受任(じゅにん)**の 際**(さい)**の 説明**(せつめい) **等**(など)

第29조 弁護士(べんごし)は、事件(じけん)を 受任(じゅにん)するに 当(あ)たり、依頼者(いらいしゃ)から 得(え)た 情報(じょうほう)に 基(もと)づき、事件(じけん)の見通(みとお)し、処理(しょり)の 方法(ほうほう) 並(なら)びに 弁護士(べんごし)報酬(ほうしゅう) 及(およ)び 費用(ひよう)に ついて、適切(てきせつ)な 説明(せつめい)をしなければ ならない。

2. 弁護士(べんごし)は、事件(じけん)に ついて、依頼者(いらいしゃ)に 有利(ゆうり)な 結果(けっか)と なる ことを 請(う)け合(あ)い、又(また)は 保証(ほしょう)しては ならない。

3. 弁護士(べんごし)は、依頼者(いらいしゃ)の 期待(きたい)する結果(けっか)が 得(え)られる 見込(みこ)みが ない にも かかわらず、その 見込(みこ)みが ある ように 装(よそお)って 事件(じけん)を 受任(じゅにん)しては ならない。

해석

[수임시의 설명 등]

제29조 변호사는 사건을 수임할 때 의뢰자로부터 얻은 정보에 기초하여

사건의 예측, 처리방법 및 변호사보수 및 비용에 대하여 적절한 설명을 해야 한다

2. 변호사는 사건에 대해서 의뢰자에게 유리한 결과가 되는 것을 약속하거나 또는 보증해서는 안 된다.
3. 변호사는 의뢰자가 기대하는 결과를 얻을 수 있는 전망이 없는데도 불구하고 그 전망이 있는 것처럼 가장해서 사건을 수임해서는 안 된다.

질문 다음과 같은 표현을 일본변호사가 의뢰인에게 하는지?

1. 꼭 승소하겠습니다.
2. 이겨드리겠습니다.
3. 유리한 판결을 얻어드리겠습니다.
4. 원만하게 합의를 보겠습니다.

답변

弁護士が 勝訴を 約束したり、断定的な ことを 言って 受任する ことは、禁止されて います。誇大広告の ような もの だからです。
「勝てる 事件ですね(負ける ことも あり得るが)。頑張りましょう。」とか、「円満解決が 相応しい 事案ですね。」と 言います。
私は、楽観的な ことは 言いません。「厳しい 事案ですが、ベストを 尽くします。」とか、「判決は どう なるか 分からないですが、訴訟を する 価値は あります。」などと 言います。
また、状況を 正確に 説明しようと 思えば、「勝ち」、「負け」と 単純に 決める ことは できない はずです。論点１に ついては 大体立証可能で、論点２では 証拠が 不足して いて、論点３では 判例が 分かれて いて… と いう ような 感じで、面白くありません。

この ような 次第で、実際の 弁護士実務では、面白い 表現は 使いません。負けた ときは「こんな 判決は 酷い。」などと 言いますが、判決で 勝った ときは、「正義が 勝ちましたね。」と 言い、判決が 出て しまえば、断定 できますから。

해석

변호사가 승소를 약속하거나 단정적인 말을 하며 수임하는 것은 금지되어 있습니다. 과대광고와 같은 것이기 때문입니다.

'이길 수 있는 사건이군요(지는 경우도 있을 수 있지만) 노력합시다.' 라든지 '원만한 해결이 어울리는 사안이군요.'라고 말합니다.

저는 낙관적인 말을 하지 않습니다. '엄격한(어려운) 사안입니다만, 최선을 다하겠습니다.'라든지 '판결은 어떻게 될지 모릅니다만, 소송해볼 가치는 있습니다.' 등하고 말합니다.

또한 상황을 정확하게 설명하려고 생각한다면 '이김' '짐'으로 단순하게 정할 수는 없는 것입니다. 논점 1에 대하여는 대체로 입증가능하고, 논점2에서는 증거가 부족하고 논점3에서는 판례가 나뉘어있고…라고 하는 것 같은 느낌으로 재미있지 않습니다.

이와 같은 이유로, 실제 변호사실무에서는 재미있는 표현은 사용하지 않습니다. 판결에서 이겼을 때는 '정의가 이겼군요.'라고 하고, 졌을 때는 '이런 판결은 심하다.'등으로 말합니다만,

판결이 나와 버리면 단정할 수 있으니까요.

제16강 독해연습 〈형법〉

刑法（けいほう）

원문

〈 刑の種類 〉

第九条 死刑、懲役、禁錮、罰金、拘留及び科料を主刑とし、没収を付加刑とする。

〈 刑の軽重 〉

第十条 主刑の軽重は、前条に規定する順序による。ただし、無期の禁錮と有期の懲役とでは禁錮を重い刑とし、 有期の禁錮の長期が有期の懲役の長期の二倍を超えるときも、禁錮を重い刑とする。

2 同種の刑は、長期の長いもの又は多額の多いものを重い刑とし、長期又は多額が同じであるときは、短期の長いもの又は寡額の多いものを重い刑とする。

3 二個以上の死刑又は長期若しくは多額及び短期若しくは寡額が同じである同種の刑は、犯情によってその軽重を定める。

〈 死刑 〉

第十一条 死刑は、刑事施設内において、絞首して執行する。

2 死刑の言渡しを受けた者は、その執行に至るまで刑事施設に拘置する。

〈懲役〉

第十二条 懲役は、無期及び有期とし、有期懲役は、一月以上二十年以下とする。

2 懲役は、刑事施設に拘置して所定の作業を行わせる。

해석

〈刑(けい)の 種類(しゅるい)　형의 종류〉

死刑(しけい)、懲役(ちょうえき)、禁固(きんこ)、罰金(ばっきん)、
사형, 징역, 금고, 벌금

拘留(こうりゅう) 及(およ)び 科料(かりょう)を 主刑(しゅけい)と し、
구속 및 과료를 주형으로 하고,

没収(ぼっしゅう)を 付加刑(ふかけい)と する。
몰수를 부가형으로 한다.

〈刑(けい)の 軽重(けいじゅう)　형의 경중〉

主刑の軽重は、前条(ぜんじょう)に 規定(きてい)する 順序(じゅんじょ)
주형의 경중은 전조에 규정하는 순서

に よる。ただし、無期(むき)の 禁固(きんこ)と 有期(ゆうき)の
에 의한다. 다만 무기금고와 유기

懲役(ちょうえき)とで 禁固(きんこ)を 重(おも)い 刑(けい)と し、
징역 중에서 금고를 무거운 형으로 하고,

有期の 禁錮の 長期(ちょうき)が 有期の 懲役の
유기금고의 장기가 유기징역의

長期の 二倍(にばい)を 超(こ)える ときも、禁固(きんこ)を
장기의 두 배를 넘을 때도 금고를
重い 刑と する。 무거운 형으로 한다.

2. 同種(どうしゅ)の 刑は、長期の 長(なが)い もの 又(また)は
동종의 형은 장기의 긴 것 또는
多額(たがく)の 多(おお)い ものを 重い 刑と し、長期 又は 多額が
다액의 많은 것을 무거운 형으로 하고 장기 또는 다액이
同(おな)**じ である** ときは、短期(たんき)の 長い もの 又は
같을 때는 단기의 긴 것 또는
寡額(かがく)の 多(おお)い ものを 重い 刑と する。
과액의 많은 것을 무거운 형으로 한다.

3 二個(にこ)以上(いじょう)の 死刑 **又は** 長期 **若**(も)**しくは**
2개 이상의 사형 또는 장기 혹은
多額 及(およ)び 短期 若しくは 寡額が 同じ である 同種(どうしゅ)の
다액 및 단기 혹은 과액이 같은 동종의
刑は、犯情(はんじょう)**に よって** その 軽重を 定(さだ)める。
형은 범행의 정황에 따라 그 경중을 정한다.

〈 死刑 사형 〉

死刑は、刑事(けいじ)施設内(しせつない)に おいて、
사형은 형사시설 내에서
絞首(こうしゅ)して 執行(しっこう)する。 교수하여 집행한다.

2 死刑の **言渡**(いいわた)**し**を 受(う)けた 者は、その 執行に
사형의 선고를 받은 자는 그 집행에
至(いた)る まで 刑事施設に 拘置(こうち)する。
이를 때까지 형사시설에 구치한다.

〈懲役　　징역〉

懲役は、無期 及び 有期と し、有期懲役は、一月(いちげつ)[33)]

징역은 무기 및 유기로 하고 유기징역은 1월

以上(いじょう) 二十年(にじゅうねん) 以下(いか)と する。

이상 20년 이하로 한다.

2 懲役は、刑事施設に 拘置して 所定(しょてい)の

징역은 형사시설에 구치하여 소정의

作業(さぎょう)を 行(おこな)わせる。

작업을 행하게 한다.

어구해설

~と し、~と する　~로 하고 ~로 한다.

ただし 다만　Aと Bとで　A와 B중에서

同(おな)じ+だ(＝ である) 같다

又(また)は・或(あるい)は・若(も)しくは 또는

に おいて ~에 있어서, 에서 (で)

行(おこな)う → おこなわ + せる (사역)

---

33) 법률용어로 개월 수를 말할 때는 一月(いちげつ)・二月(にげつ)라고 한다. 일상용어로는 一月(いちがつ)・二月(にがつ)

쉬어가는 코너

くじけないで　　좌절하지 마세요.

柴田(しばた)トヨ (1911~)

ねえ 不幸(ふこう)だなんて	불행하다고
溜息(ためいき)を つかないで	한숨짓지 마세요
陽射(ひざ)しや そよ風(かぜ)は	햇빛과 산들바람은
えこひいき しない	편애하지 않아요
夢(ゆめ)は	꿈은
平等(びょうどう)に 見(み)られるのよ	평등하게 꿀 수 있잖아요
私(わたし)	저
辛(つら)い ことが	괴로운 일
あったけれど	있었지만
生(い)きて いて よかった	지금까지 살아서 다행
あなたも 挫(くじ)けずに	당신도 좌절하지 말고 …

어구해설 くじける → くじけ+ないで 좌절하지 말아요. (ください 생략)

なんて 따위, 등　　溜息を つく 한숨짓다

依怙贔屓(えこひいき)する 편애하다

夢(ゆめ)をみる 꿈꾸다 → みられる 꿈꿀 수 있다　　けれど 지만

ある 있다 → あった 있었다 + けれど 지만　生(い)きる 살다

て よかった ~기 잘했다　　くじけ+ずに 좌절하지 말고

법률조항의 여러 명칭

1. 柱書(はしらかき)

몇 조 밑에 다시 一, 二…의 세부항목이 있을 때 맨 위의 기둥(柱)처럼 설명을 써놓은 문장

(定義)

第二条 **この 法律に おいて「不正競争」とは、次に 掲げる ものを いう。**(이 법률에서 '부정경쟁'이라 함은 다음에 게재된 것을 말한다)

一 他人の商品等表示(人の業務に係る氏名、商号、商標、標章、商品の容器若しくは包装その他の商品又は営業を表示するものをいう。以下同じ。)と

2. なお書(か)き

조항 끝에 なお(여전히, 아울러 등)로 시작하는 문장

第六条　改正法附則第五条の場合における薬事法第二十四条第二項の許可の更新については、旧法第二十八条第二項及び第三項(旧法第八十三条第一項の規定により読み替えて適用される場合を含む。)の規定は、**なおその効力を有する**。여전히 효력을 갖는다.

(係属中の手続)

第七条　新法の施行の際現に係属している商標登録出願又は標章登録出願(抗告審判に係属しているものを含む。)については、その商標登録出願又は標章登録出願について査定又は審決が確定するまでは、**なお 従前の例に よる**。(여전히 종전의 예에 따른다)

(無効審判)

第十条 旧法によりした商標登録(第七条第一項の規定により従前の例によりしたものを含み、旧商標法(明治四十二年法律第二十五号。以下「四十二年法」という。)によりしたものを除く。)についての新法第四十六条第一項の審判又はその審判の確定審決に対する再審においては、旧法第十六条第一項の規定は、新法の施行後も、**なお その効力を 有し、同項 に規定する 場合に 限り、その 商標登録を 無効に することが できる。**(여전히 그 효력을 갖고 동 항에 규정하는 경우에 한하여 그 상표등록을 무효로 할 수 있다)

3. ただし書(が)き

문장 끝에 다만(ただし)으로 시작하는 문장

ロ 第一類医薬品陳列区画に一般用医薬品を購入し、若しくは譲り受けようとする者又は一般用医薬品を購入し、若しくは譲り受けた者若しくはこれらの者によつて購入され、 若しくは譲り受けられた一般用医薬品を使用する者が進入することができないよう必要な措置が採られていること。**ただし**、第一類医薬品を陳列しない場合又はかぎをかけた陳列設備その他一般用医薬品を購入し、 若しくは譲り受けようとする者又は一般用医薬品を購入し、若しくは譲り受けた者若しくはこれらの者によつて購入され、 若しくは譲り受けられた一般用医薬品を使用する者が直接手の触れられない陳列設備に陳列する場合は、**この限りでない**。(다만 ~는 경우는 그렇지 않다)

(代理権消滅後の表見代理)

第百十二条 代理権の消滅は、善意の第三者に対抗することができない。**ただし、第三者が 過失に よって その事実を 知らなかった**

ときは、この限りでない。

(다만 제삼자가 과실에 의해 그 사실을 몰랐을 대는 이렇지 않다)

(無権代理)

第百十三条　代理権を有しない者が他人の代理人としてした契約は、本人がその追認をしなければ、本人に対してその効力を生じない。

２　追認又はその拒絶は、相手方に対してしなければ、その相手方に対抗することができない。

ただし、相手方が その事実を 知った ときは、この限りでない。

(다만 상대방이 그 사실을 알았을 때는 그렇지 않다)

(商標権)

第三条　旧法による商標権、標章権又は団体標章権であつて、新法の施行の際現に存するものは、新法の施行の日において新法による商標権となつたものとみなす。**ただし、その 効力は、旧法第八条第二項の 規定に より 効力が 及ばない ことと された 部分には、及ばない。**

(다만 그 효력은 구 법 제8조 … 규정에 의해 효력이 미치지 않는다고 된 부분에는 적용하지 않는다)

숫자, 요일, 날짜

1. 何(なに)[34]が 何(なに)が 同(おな)じか[35]
   箸(はし)が 二(ふた)つ 同(おな)じだ。
   무엇이 무엇이 똑같은가, 젓가락 두 개 똑같다.

2. 誰(だれ)が 誰(だれ)が 同(おな)じか
   双子(ふたご) 二人(ふたり) 同(おな)じだ。
   누가 누가 똑같은가, 쌍둥이 둘 똑같다.

- 한 개~열 개, 몇 개 幾(いく)つ
  一(ひと)つ・二(ふた)つ・三(みっ)つ・四(よっ)つ・五(いつ)つ
  六(むっ)つ・七(なな)つ・八(やっ)つ・九(ここの)つ・十(とお)

- 일~십, 얼마 いくら
  一(いち)・二(に)・三(さん)・四(し·よ·よん)[36]・五(ご)
  六(ろく)・七(しち·なな)・八(はち)・九(きゅう·く)・十(じゅう)

- 한 사람~다섯 사람, 몇 명 何人(なんにん)[37]
  一人(ひとり)・二人(ふたり)・三人(さんにん)
  四人(よにん)・五人(ごにん)

---

34) 何(なん・なに：뒤에 が・を・もが 올 때)
35) 同(おな)じ (연체사) 같다, 같은
    同(おな)じく = 同様(どうよう) 똑같이, 마찬가지로
36) 四, 七, 九는 발음이 다양하므로 주의
    예를 들어 四月(しがつ)・四時(よじ)・四日(よっか) 등
37) 何人(なんにん)(口) 몇 명, 何人(なんぴと)も (文) 누구라도

● 월

いちがつ 一月	にがつ 二月	さんがつ 三月	しがつ 四月	ごがつ 五月	ろくがつ 六月
1월	2월	3월	4월	5월	6월
しちがつ 七月	はちがつ 八月	くがつ 九月	じゅうがつ 十月	じゅういちがつ 十一月	じゅうにがつ 十二月
7월	8월	9월	10월	11월	12월

● 개월

一ヶ月(いっかげつ) 1개월 ＝ 一月(ひとつき) 한 달

二ヶ月(にかげつ) 2개월・三ヶ月(さんかげつ) 3개월

● 일

ついたち	ふつか	みっか	よっか	いつか	むいか	なのか	ようか
1일	2일	3일	4일	5일	6일	7일	8일

ここのか	とおか	じゅういちにち	생략	じゅうよっか	はつか, にじゅうよっか
9일	10일	11일		14일	20일, 24일

今日(きょう)は 何月(なんがつ) 何日(なんにち)ですか。

오늘은 몇 월 며칠입니까?

● 요일

げつようび 月曜日	かようび 火曜日	すいようび 水曜日	もくようび 木曜日	きんようび 金曜日	どようび 土曜日	にちようび 日曜日
월요일	화요일	수요일	목요일	금요일	토요일	일요일

今日(きょう)は 何曜日(なんようび)ですか。

오늘은 무슨 요일입니까?

9 週次

제17강 독해연습 〈판결문〉

判決文(はんけつぶん)

원문 [38]

主　文

本件上告を 棄却する。

上告費用は 上告人の 負担と する。

理　由

上告代理人 岡部勇二の 上告理由 第一点**に ついて**。

移送の **申立**を 却下した 裁判 **または** 訴訟が **取下げに よつて**[39]終了した 旨の 判決に 不服が **あれば**、民訴法の 認める 不服申立の 手段(移送申立却下の 決定に 対する 即時抗告、訴訟の 終了を 宣言する 判決に 対する 上訴)**に よつて** その是正を 求む**べきであつて**、司法行政上の 決定に 対する 不服の 訴訟**を もつて** 救済を 求る **ことの できない のは もちろん**、民訴法所定の方法以外の 別訴に **よつて** これを 争う ことの **許されない**のは、原判決 **および** その 引用する 第一審判決の 説示する**とおり**である。論旨は、**かくては** 権利保護の 資格 **および** 利益を 有する 者**に ついて**、救済手段を **欠く** ことに なる もの として、原判決の 判断を 憲法三二条違反の **ごとく** 主張するが、法の 認める 方法手続を 無視した 争訟が **効を 奏しない** こと**を もつて**、違憲と 称する**に すぎず、ひつきょう**、原判決の **示した** 訴訟法の 解釈適用を 非難する ものに **ほか ならない**。また 説旨**を もつて**

民訴法所定の 上訴方法を 不十分と する 趣旨と 解する**にしても**、不服申立の 審級、上訴裁判所の 権限の **ごとき**、憲法は同法八一条の **場合を 除き** これを 立法に **委ねて** いる **のであるから** これを 目して 憲法三二条違反と いう **ことは できない**(昭和二三年三月一〇日大法廷判決、刑集二巻三号一 七五頁、昭和二八年六月二七日第二小法廷決定、最高裁判民集〔九〕五七七頁、昭和三一年一二月一一日第三小決廷判決民集一〇巻一二号一五五〇頁、昭和三二年一〇月一〇日第一小法廷決定、最高裁判集民[二八] 一二一参頁照)。論旨は 理由が ない。

同第二点**に** ついて。

原審**に おける** 上告人の 損害賠償請求の 追加を 行訴法**に よる**請求の 追加的併合**と すれば**、相手方の 同意の ない **かぎり**、それが 許されない ことは 同法一九条一項後段**に よつて 明らかであるし**、これを 民訴法**に 基づく** 訴の 追加的 変更**と しても**、本訴が 本来 不適法と **認められ**、**かつ** 第一審**に おいても** 不適法として 却下されて いる **場合**に、控訴審**に おける かかる** 訴の変更は、拒否する のを 相当と する。**いずれに しても**、原審の処置を 失当と する 論旨は **あたらない**。**しかも** 上告人の 追加した のは 予備的 請求**であり**、その 意図する ところは 主請求の それと 同一手続に よる 審判を 求める ものに **ほかならないから**、右 予備的請求 **のみを** 第一審に 移送す**べき でない** ことは、原判示の **とおり** である、論旨は 採用する **ことが できない**。**よつて**、民訴法四〇一条、九五条、八九条に **従い**、裁判官全員の 一致で、主文の **とおり** 判決する。

(裁判官 柏原語六 五鬼上堅磐 横田正俊 田中二郎) 이하생략

38) 원문은 띄어쓰기가 없지만 이해를 돕기 위하여 띄어 쓴다.

39) つ를 촉음(작게 씀)으로 표기해야 하지만 1945년 전후에는 이런 표기를 종종

해석

주 문

본건 상고를 기각한다.

상고비용은 상고인의 부담으로 한다.

이 유

상고대리인 岡部勇二의 상고이유 제1점에 대하여 **について**

이송의 신청 **申立**(もうした)**て** 을 각하한 재판 또는 **又**(また)**は** 소송이 취하 **取下**(とりさげ)에 의해 **に よって** 종료한 내용의 판결에 불복이 있으면 **ある → あれば** 민소법이 인정하는 **認**(みと)**める** 불복신청의 수단(이송신청각하의 결정에 대한 즉시항고, 소송의 종료를 선언하는 판결에 대한 상소)에 의하여 그 시정을 요구해야 하며 **求**(もと)**める**의 고어 **求**(もと)**む**[40] + **べき**(해야 함) 사법행정상의 결정에 대한 불복의 소송을 가지고 **を もって** 구제를 구할 수 없음은 물론 **勿論**(もちろん) 민소법 소정의 방법이외의 별소에 의해 이를 다투는 **争**(あらそ)**う** 것이 허용되지 않음은 **許**(ゆる)**す → ゆるされる → ゆるされない** 원판결 및 **及**(およ)**び** 그 인용하는 제1심판결이 설시하는 그대로 **とおり**이다. 논지는 이리하여 **かくて** 권리보호의 자격 및 이익을 가지는 자에 대하여 구제수단을 결하게 **欠**(か)**く** 되는 것으로서 원판결의 판단을 헌법32조 위반과 같이 주장하는데 법이 인정하는 방법수단을 무시한 쟁송이 효를 나타내지 않음을 가지고, 위헌이라고 칭하는데 불구하고 **に すぎず** 필경 **畢竟**(ひっきょう) 원판결이 보인 **示**(しめ)**す** 소송법의 해석적용을 비난하는 것 **밖에 아니다.** 또한 설시로 민소법소정의 상소방법을 불충분하다고 하는 취지로 해석한다고 해도 불복신청의 심급, 상소재판소의 권한과 같이 헌법은 동법81조의 경우 **場合**(ばあい)를 제외하고 **除**(のぞ)**く** 이를 입법에 위임하는 **委**(ゆだ)**ねる** 것이므로

である + から 이를 보고 헌법32조 위반이라고 말할 수 없다.
(1948년 3월 10일 대법정판결, 형집 이하 생략)

동 제2점에 대하여

원심에서의 상고인의 손해배상청구의 추가를 행소법에 의한 청구의 추가적 병합으로 하면 상대방의 동의가 없는 한 그것이 허용되지 않는 것은 동법 19조1항 후단에 의해 명백하고 **明**(あき)**らかで** 이를 민소법에 기초한 **基**(もと)**づく** 소의 추가적 변경으로서 하더라도 본소가 본래 부적법하다고 인정되며 **認**(みと)**める → みとめられる → みとめられ** (중지) 또한 **かつ** 제1심에서도 부적법으로서 각하된 경우에 항소심에서의 이러한 かかる 소의 변경은 거부하는 것을 합당하다고 한다. 어찌되었든 **いずれに しても** 원심의 처치를 타당하지 않다고 하는 논지는 맞지 않다.

あたる → あたらない 더욱이 **しかも** 상고인이 추가한 것은 예비적 청구이며 그 의도하는 바는 주 청구의 그것과 동일절차에 의한 심판을 구하는 것**밖에 아니므로 ほか + ならない + から** 위 예비적 청구만 **のみ**을 제1심으로 이송해야하는 것이 아닌 **べき + でない** 점은 원판시대로 **とおり**이다. 논지는 채용할 수 없다. **ことが できない** 그러므로 **よって** 민소법 401조, 95조, 89조에 따라 **従**(したが)**う → したがい** 판사전원의 일치로 주문대로 판결한다.

볼 수 있다. よつて → よって・であつて → であって・もつて → もって

40) 求(もと)める의 고어 → 求(もと)む

9 週次

제18강 독해연습 〈에세이 1〉

国際人たれ、弁理士よ[41]

Born to Enjoy. を モットーに 生きたいと 願って いた。この 副会長職も 楽しく 有意義に 過ごせるか、と 思って いた。しかしである。なんと、まだ、就任して 一ヶ月にも ならぬ のに、息切れしそう、である。

甘かった。だが 光明を 探さなければ 明日は ない。

今、探り当て つつ ある。さて、今日、知的財産が、人類史上に 今まで なかった ほどの 価値と 役割を

41) たり 이다 → たれ 이어라, パテント 2008 권두언 발췌.
西郷義美(さいごう よしみ) 일본변리사회 부회장.

국제인이어라, 변리사여!

'즐기기 위해 태어났다.'를 모토로 살아가고 싶다고
生(い)きる + たい → いきたい
원했다. 願(ねが)う → ねがって + いる →いた 바라고 있었다.

이 부회장직도 즐겁고 楽(たの)しい → たのしく
뜻있게 有意義(ゆういぎ)に
지낼 수 있을까 過(す)ごす → すごせる (가능)
하고 생각했다. 思(おも)う → おもって いる → いた (과거)

그러나 + 이다 しかし + である 아니 なんと
아직 취임한지 1개월도 되지 않았는데
一ヶ月(いっかげつ)に なる → ならない = ならぬ + のに
숨이 막힐 것 같다.
息切(いきぎ)れ + する → し + そうで ある 〈p.122〉

쉽게 생각했다 甘(あま)い → あまかった 그렇지만 だが 광명을
찾지 않으면 探(さが)す → さがさない → さがさなければ
내일은 없다. 지금 더듬어 찾고 있다.

探(さぐ)り当(あ)てる → さぐりあてつつ + ある
＊ 계속 ~하는 상태 Vi + つつ + ある

그런데 さて 오늘날 지적재산이 인류사상에 지금까지
없었던 ない → なかった
정도 ほど의 가치와 역할을

担うに 至っている。特に、富の 創造に 知的財産が 大いに 寄与する 可能性に ついて、WIPO(世界知的所有権機構)は 強く 言及して いる。

これを 受けて、 WTO(世界貿易機構)は、 知的財産を尊重し、厳守しなければ、この機構から 該当者を 弾き出す、ビジネスの 相手と 見なさない、と きつく 宣言している。

この WTOには 世界人類の 80%以上が、加盟して いるの である から、この 組織から 見放される ことは、ビジネスの 世界では 死を 意味する だろう。

담당하기에　担(にな)う + に
이르렀다　至(いた)る → いたって いる

특히 부의 창조에 지적재산이 크게 大(おお)いに　기여하는
가능성에 대하여 に ついて　WIPO(세계지적소유권기구)는
강하게 強(つよ)い → つよく　언급하고 있다.

이것을 이어받아　受(う)ける → うけて　WTO(세계무역기구)는
지적재산을 존중하고　する → し (중지)
엄수하지 않으면
厳守(げんしゅ)する → しない → しなければ

이 기구로부터 해당자를 따돌리고　弾(はじ)き出(だ)す

비즈니스의 상대로　相手(あいて)と
간주하지 않는다.　見(み)なす → みなさ + ない
고 と　엄하게 きつい → きつく　선언하고 있다.

이 WTO에는 세계 인류의 80% 이상이,
가맹하고 있는 것이기 때문에　の + である + から

이 조직에서 버림받는 것은
見放(みはな)す → みはなされる (수동) + ことは

비즈니스 세계에서는 죽음을 의미할 것이다.
意味(いみ)する + だろう

そこで、知的財産権を、国内 のみ でなく、外国でも獲得する ことの 価値が、飛躍的に 高まって きて いる の である。

つまり、人類の 八割を 権利下に 置く ことが できる の である から。弁理士会は、先見の 明が あった。実効性を 高める ために、ご存じの「国際活動センター」を、既に 立ち上げ、広く 活動させて いる の である。

実は、この 国際活動センターの 担当を させて いただい て いる 理事が、誰あろう、この 小生な のである。国際活動センターは、国際的な

거기서(그래서) そこで 지적재산권을 국내에서
뿐만 아니라 のみ + でなく
외국에서도 획득하는 것의 가치가 비약적으로
높아져 오고 있는 것이다. (높아졌다)
高(たか)まる → たかまって + きて(くる 오다) いる + の + である

즉 つまり 인류의 8할을 권리 하에
둘 수 있는 것이기 때문에
置(お)く + ことが + できる + の + である + から

변리사회는 선견지명이 先見(せんけん)の 明(めい)
있었다. ある → あった
실효성을 높이기 위해서 高(たか)める + ために

아시는 ご存(ぞん)じ+の '국제활동센터'를 이미 既(すで)に
설립하여 立(た)ち上(あ)げる → たちあげ (중지)

널리 활동시키고 있는 것이다. (활동하도록 했다)
活動(かつどう)する → 活動(かつどう)させる (사역)
→ させて + いる + の + である

실은 이 국제 활동 센터의 담당을 하고 있는
させて + いただく(시켜 받다 = 하다 : 공손) → いただいて + いる

이사는 누가 있을까 誰(だれ) ある → あろう
(바로) 이 소생인 것이다 な + の + である

국제 활동 센터는 국제적인

知的財産の あらゆる ことがらに 関わり、活躍して いる。

ところで、皆様も ご存じの 話が ある。

国際会議を 主宰する チェアマンが 抱える 難問が ある。

その一端は、日本人に 責任が ある。

それは 日本人の 過ぎたる 奥ゆかしさに ある。いわく「某国の 出席者を 黙らせ 日本人に 発言させる ことが できたら、その 議長は 賞賛に 値する」との 名言が 存する くらい である。

日本人は それ ほどにも 口が 重い。寡黙な 国際人は存在しない の である の だが。

지적재산의 모든 あらゆる 사항 事柄(ことがら)과
관련하여 関(かか)わる → かかわり、 활약하고 있다.

그런데 ところで、여러분 皆様(みなさま)도 아시는 ご存(ぞん)じ

이야기가 있다. 국제회의를 주재하는 체어맨 チェアマン이
안고 있는 抱(かか)える
어려운 문제 難問(なんもん)가 있다.

그 일단은 일본인에게 책임이 있다. 그것은 일본인의 지나친
過(す)ぎる → すぎたる (완료, 연체형) 고상함에 있다.

奥(おく)ゆかしい 그윽하다 → おくゆかし＋さ (명사형)

소위 いわく '모 국가의 출석자를 침묵하게 하고
黙(だま)る → だまらせる → だまらせ (중지)

일본인에게 발언하게 할 수 있다면
発言(はつげん)させる + ことが + できる → できたら

칭찬할 만하다' 賞賛(しょうさん)に 値(あたい)する

라는 명언이 존재할 정도이다. くらい
일본인은 그만큼 それほど に 입이 무겁다.

과묵한 국제인은 존재하지 않는 것이지만
存在(そんざい) + しない＋の + だ + が

現在も また 将来に おいては さらに、弁理士の 国際化は、必定な のである。技術と 法律の 素養を 有し、国際性を 備えた 弁理士が 要請されて いる の である。

相手は 紳士淑女 もどき であろう。が、我々の ような淡白な 草食動物 ではなく、肉食動物 その ものである。

ねっちっこく 老かいで、駆け引き にも めっぽう 強い。

この ような 国際競争に 勝ち抜きうる 弁理士が、今、期待されて いる の である。免除科目が 多いような 試験で、この ような、資格を 有する 弁理士を 得る ことが できる の だろうか。

현재도 또한 장래에 있어서는 に おいては 더욱 さらに
변리사의 국제화는 필요불가결한 必定(ひつじょう)な 것이다.
な + の + である

기술과 법률의 소양을 갖고, 有(ゆう)する → 有し (중지)
국제성을 갖춘 備(そな)える → そなえた
변리사가 요청되고 있는 것이다
要請(ようせい)する → 要請 + される → されて + いる + の + である

상대는 相手(あいて) 신사 숙녀 같지만 もどき + である
→ であろう + が 우리들과 같은 我々(われわれ)の + ような

담백한 초식동물이 아니고 ではなく 육식동물
그 자체 その + もの 이다. 끈질기고 ねっちっこく
노회(경험이 많아 교활함) 老獪(ろうかい)로

흥정 駆(か)け引(ひ)き에도 대단히 めっぽう 세다 強(つよ)い

이와 같은 このような 국제경쟁에서 이겨낼 수 있는
勝(か)ち抜(ぬ)く → かちぬき + うる (가능)

변리사가 지금 기대되고 있는 것이다
期待(きたい)する → されて + いる + のである

면제과목이 많은 것 같은 多(おお)い + ような
시험으로 이와 같은 자질을 가진 변리사를 얻을 수 있는 것일까
得(え)る + ことが + できる + の + だろうか

つまり、国際舞台で 活躍する 弁理士としては、頑強な体力は もとより 意思疎通に 必要な 語学能力、そして また、どの ような 状況に 陥ろうと 自分を 見失わない 沈着な 精神力、更には、意見相違の 乱麻を 解きほぐす 粘り強い 交渉力をも 要求されよう。

困難ではあろう。しかし、受ける べき 賞賛は 大きい。

意 ある ものは 立ち向かう べき である。

この 冥利に 尽きる 役割に。

즉 국제무대에서 활약하는 변리사로서는 として+は
강인한 頑強(がんきょう)な 체력은 물론 は もとより

의사소통에 필요한 어학능력, 그리고 そして 또한 また

어떠한 どのような 상황에 빠지든
陥(おちい)る → おちいろう + と

자신을 잃지 않는 見失(みうしな)う → みうしなわない

침착한 정신력, 나아가서는 更(さら)には 의견이 다른
복잡한 문제를 해결해내는 乱麻(らんま)を 解(と)きほぐす

끈기 있는 粘(ねば)り強(づよ)い 교섭력도 をも
요구될 것이다. される → され + よう

어렵기는 할 것이다 では あろう 그러나
받을만한 受(う)ける + べき 칭찬은 크다.

뜻이 있는 자는 목표로 나가야한다.
意(い) ある + もの(者)は 立(た)ち向(む)かう + べき

명리를 다 하는 역할에.
冥利(みょうり : 착한 일의 대가로 나도 모르는 사이에 부처나 보살에게서 받는 이익)に 尽(つ)きる + 役割(やくわり)

10週次

제19강 독해연습 〈에세이 2〉

「先生(せんせい)」と 呼(よ)ばれて[42] **'선생님'이라고 불리어**

呼(よ)ぶ 부르다 → よばれる (수동) → よばれて

ここ数年(すうねん)、弁護士(べんごし)や 修習生(しゅうしゅうせい)の 間(あいだ)で、ちらほらと、

요 몇 년, 변호사와 수습생 사이에 간간이

弁護士(べんごし)を「先生(せんせい)」と **呼(よ)ぶ** のは おかしい と いう 意見(いけん)を

변호사를 '선생님'이라고 부르는 것은 이상하다고 하는 의견을

聞(き)く **ように なりました**。弁護士(べんごし)は、**あくまで** 依頼者(いらいしゃ)と

듣게 되었습니다. 변호사는 어디까지나 의뢰인과

V기 + ように なる ~게 되다

対等(たいとう)の 立場(たちば)から、自(みずか)らの 専門性(せんもんせい)を **もとに**

대등한 입장에서 스스로의 전문성을 바탕으로

自(みずか)ら 스스로 下(もと) ~하에

---

42) 法学セミナー, 2006 No. 614에서 발췌.

サービスを 提供(ていきょう)する **だけで**、「先生(せんせい)」と 呼(よ)ばれて、

서비스를 제공할 뿐인데, '선생님'이란 말을 들으면서

ふんぞり 返(かえ)って 上(うえ)から ものを 言(い)う もの ではない、

거만하게 버티고 앉아 위에서 뭔가를 말하는 사람이 아니다,

ふんぞり 返(かえ)る 으스대면서 앉아있는 모양

と いう ことです。

라는 것입니다.

実際(じっさい)、実務修習(じつむしゅうしゅう) などで 弁護士(べんごし)と 接(せっ)して **いると**、

실제로, 실무수습 등에서 변호사와 접하고 있으면

弁護士(べんごし)も 普通(ふつう)の 人間(にんげん)で 間違(まちが)えた ことを 言(い)って **いたり**、

변호사도 보통 사람으로 틀린 것을 말하기도 하고,

間違(まちが)える 틀리다 → まちがえた こと

酔(よ)っぱらって 失敗(しっぱい)し**たり** して いる **様子**(ようす)など

술에 취해 실패하거나 하는 모습을

～り ～たり ～하거나 ～하거나

よっぱらう 술에 취하다 など 등

身近に 見る ことが できます。**ですから**、弁護士を

신변에서(가까이) 볼 수 있습니다. 그러니까 변호사를

前に「先生、先生、」と 言**いながら あまりに** 恐縮して

앞에 (두고) '선생님, 선생님'하고 말하면서 너무나 송구스러워

いる 依頼者を 見た ときや、遅刻して 依頼者を

하는 의뢰인을 봤을 때나 지각하여 의뢰인을

待たせながら 平気な 顔を して いる ような 弁護士を

기다리게 하면서도 태연한 얼굴을 하고 있는 것 같은 변호사를

待(ま)つ → またせる (사역) + ながら

見た とき などは、大きな 違和感を 感じる 事が ありました。

봤을 때 등은 커다란 위화감을 느끼는 일이 있었습니다.

弁護士**だって** わからない ことは ある し、

변호사라도 모르는 것이 있고,

だって ~라고 해도 分(わ)かる 알다 → わからない

し 문장의 나열

特(とく)に 新米(しんまい)の 間(あいだ)は、依頼者(いらいしゃ)から 学(まな)ばせて もらう、

특히 신참일 때에는 의뢰인으로부터 배우게 해 받는(배우는)

と いう 姿勢(しせい)が 信頼(しんらい)を 生(う)む の だと 考(かんが)えて いたのです。

자세가 신뢰를 낳는 것이라고 생각하고 있었던 것입니다(생각했습니다).

しかし、実際(じっさい)に 弁護士(べんごし)に なって みて、自分(じぶん)の 考(かんが)えの

그러나 실제로 변호사가 되어 보니 자신의 생각이(얼마나 안이 했는가)

甘(あま)さに 気(き)づかされました。修習生(しゅうしゅうせい)の 時(とき)には 全(まった)く

느끼지 않을 수 없었습니다. 수습생 때는 전혀

きづく　깨닫다, 느끼다, 알아차리다 = 感(かん)づく

甘(あま)い　달다, 응석부리다 → あまさ (명사형)

わからなかった と いう のも 不思議(ふしぎ)な の ですが、

몰랐다고 하는 것도 이상한 것입니다만

初(はじ)めて 自分(じぶん)の 依頼者(いらいしゃ)と 対峙(たいじ)して 「先生(せんせい)」と 呼(よ)びたく

처음으로 나의 의뢰인과 대치하여 '선생님'이라고 부르고 싶어

よぶ → よび + たい 부르고 싶다 → たく + なる ~고 싶어지다.

なる 依頼者の 切なる 気持が 理解できた のです。

지는 의뢰인의 절박한 심정을 이해할 수 있었던 것입니다.

多くの 場合、依頼者が 「先生」と 呼ぶのは 不安で

대부분의 경우, 의뢰인이 '선생님'이라고 부르는 것은 불안하여

不安で たまらない なか 頼れる 存在に 任せて 安心感を

견딜 수 없는 가운데 기댈 수 있는 존재에게 맡기고 안도감을

で たまらない ~해서 견딜 수가 없다 頼(たよ)る → たよれる(가능형)

得たい、という 必死な 気持ちの **表れ** なのです。

얻고 싶다고 하는 필사적인 심정의 표현입니다.

そんな 依頼者を 前に して、「先生」なんて 呼ばないで

그런 의뢰인을 앞에 두고 '선생님' 따위(식으로) 부르지 말아

くださいよ、私は そんな 呼び名に 値する ほどの

주세요. 저는 그런 호칭에 걸맞을 정도의

者ではありません。私も 人間ですから 間違って しまう

사람이 아닙니다. 저도 인간이기에 틀리고 마는(실수하는)

て + しまう ~해 버리다

ことも ありますよ、なんて 絶対(ぜったい)に 言(い)えません。状況(じょうきょう)を

때도 있습니다. 라는 식으로 절대로 말할 수 없습니다. 상황을

正確(せいかく)に 説明(せつめい)し、やるべき 準備(じゅんび)を **すませた** 後(あと)は、

정확히 설명하고 해야 할 준비를 마친 후는

不安(ふあん)を 飲(の)み込(こ)んで 自身(じしん)ありげに 演(えん)じきる、と いう

불안을 삼키고 자신이 있는 듯이 Vi + げに 연기해낸다고 하는

ことも 弁護士(べんごし)の 仕事(しごと)の うち なのです。依頼者(いらいしゃ)の

것도 변호사의 일 가운데 하나입니다. 의뢰인의

気持(きも)ちと 弁護士(べんごし)への 過剰(かじょう)な 期待(きたい)を ようやく 理解(りかい)した

기분과 변호사에 대한 과잉기대를 겨우 이해한

私(わたし)に とって、「先生(せんせい)」と 呼(よ)ばれる ことは 気持(きも)ち いい

저에게 있어서 '선생님'이라고 불리는 것은 기분 좋은

ことでも 何(なん)でもなく、ただ ただ 苦(くる)しい ものに なりました。

일도 (아니고) 아무 것도 아닌 그저 괴로운 것이 되었습니다.

私(わたし)の 中(なか)で 「先生(せんせい)」と いう 呼(よ)び名(な)は **いずれ** なくして

제 속에서 '선생님'이라는 호칭은 어차피 없애 なくす + いく

いく べき、と いう 考(かんが)えに 変(か)わりは ありませんが、

가야 하는(없애버려야 하는), 이라고 하는 생각은 변함없습니다만,

呼(よ)び名(な) 以前(いぜん)に **まず**は 一人(ひとり)の 人間(にんげん)として、**依頼者(いらいしゃ)**に

호칭 이전에 우선은 한사람의 인간으로서 의뢰인에게

安心感(あんしんかん)を **与(あた)えられる** ような 経験(けいけん)と 人格(じんかく)を 早(はや)く 培(つちか)い

안심감을 부여할 수 있도록 경험과 인격을 빨리 배양

たいと、**切(せつ)に** 思(おも)う 今日(こんにち) このごろです。

하고 싶다고 절실히 생각하는 작금의 요즘입니다.

쉬어가는 코너

相田(あいだ)みつを (1924～1991)

私(わたし)は 無駄(むだ)に この 世(よ)に 生(う)まれて きたのではない。また 人間(にんげん)として 生まれて きた からには無駄(むだ)に この 世(よ)を 過(す)ごしたくは ない。
나는 쓸데없이 이 세상에 태어난 것이 아니다. 또한 인간으로서 태어난 이상에는 쓸데없이 이 세상을 살고 싶지는 않다.

私が この世に 生まれて きたのは 私でなければ できない 仕事(しごと)が 何(なに)か 一(ひと)つ この世に ある から なのだ。それが 社会的(しゃかいてき)に 高(たか)いか 低(ひく)いか そんな ことは 問題(もんだい)ではない。
내가 이 세상에 태어난 것은 내가 아니면 할 수 없는 일이 뭔가 하나 이 세상에 있기 때문이다. 그것이 사회적으로 높은지 낮은지 그런 것은 문제가 아니다.

その 仕事が 何(なん)であるかを 見つけ、その ために 精一杯(せいいっぱい)の 魂(たましい)を 打(う)ち込(こ)んで ゆく ところに 人間(にんげん)として 生まれて きた 意義(いぎ)と 生(い)きて ゆく 喜(よろこ)びが ある のだ。
그 일이 뭔지를 발견하고 그를 위해 정성가득 혼을 다 받쳐 가는 곳에 인간으로서 태어난 의의와 살아가는 기쁨이 있다.

10 週次

제 20 강 독해연습 〈에세이 3〉

신참 맹인변호사의 분투기

どんな ふうに やって きたの　어떤 식으로 해왔나

– 合理的 配慮を 求める 現場から　합리적 배려를 구하는 현장에서

駆け出し 全盲弁護士 奮闘記　신참 맹인변호사의 분투기

大胡田 誠(おおごだ・まこと) 弁護士

「この 訴状の 書き方は 何だ！ お前は それでも弁護士か！」

“무슨 소장을 이렇게 썼어? 네가 그래도 변호사냐!”

一気に 私の 緊張は マックスへ。後ろの席では

단번에 나의 긴장은 최고조로. 뒷좌석에서는

私の サポートを 担当して くれて いる 事務員の篠原

나를 도와주는(support) 직원 시노하라

さんも 息を 呑んで いる。また 今日も先輩弁護士から

씨도 숨을 죽이고 있다. 오늘도 또 선배 변호사로부터

叱られてしまった…。胃の 廻りが どーんと 重く なる.

야단맞았다. 위 주변이 무거워진다.

叱(しか)る → しかられる(수동) + て しまう → て しまった(과거)

しかし、「また やって しまった」と 落ち込んで いる

그러나, 「또 망쳤다」고 풀이 죽은

心の もう 半分では、なんだか ちょっと 嬉しいような

마음의 다른 한편에선, 왠지 조금 기쁠 것 같은

気持ちを 感じて いたりも する。それは、先輩が、

기분을 느끼고 있기도 하다. 그것은, 선배가,

視覚障害者であるとか ないとか ではなくて、一人の

시각장애인이라든가 아니라든지 떠나서(~가 아니라), 한 명의

弁護士としての 仕事の 質の 良し悪しで 私を 評価して

변호사로서 일의 질이 좋고 나쁨으로 나를 평가해

くれて いるのを 感じる からである。弁護士の 仕事は 依頼者の

주는 것을 느끼기 때문이다. 변호사의 일은 의뢰인의

人生を 左右する ような もの ばかり である ため、当然ながら、

인생을 좌우하는 것뿐이기 때문에 당연하지만

私も 健常者の 弁護士と 同じ 質の 仕事を 求められる の である。

나도 정상인의 변호사와 같은 질의 일을 요구받는 것이다.

私は、一昨年の 司法試験に 合格した 後、約一年の司法修習を

나는 재작년 사법시험에 합격한 후, 약 1년의 사법연수를

終え 昨年十二月から 弁護士業務を 始めた 一年生弁護士だ。

마치고 작년 12월부터 변호사업무를 시작한 1년차 변호사다.

一言で 弁護士と いっても それぞれ 得意分野ごとに ある程度

한마디로 변호사라고 해도 각각 전문분야별로 어느 정도

棲み分け[43]が 行われて いるが、 공존하고 있지만,

---

43) 棲(す)み分(わ)け
① 생물 이론의 하나로, 비슷한 두 개의 생물종이 같은 영역에 존재하지 않고, 서로 다른 영역에 분포하여 생존한다는 이론
② 동종업종끼리 각각의 특색을 살려서 공존하고 있는 상태

私が 現在 勤務している 法律事務所[44]は 弁護士会が

내가 현재 근무하고 있는 법률사무실은 변호사회가

設立した 公設の 法律事務所である ため、一般市民の

설립한 공익 법률사무실이기 때문에, 일반시민의

法的トラブルが 仕事の 中心である。

법적분쟁이 중심업무이다.

この 事務所は、日本司法支援センター(通常法テラス)と

이 사무실은, 일본 사법지원센터(통칭 법 테라스)와

協力して、経済的な 理由から 高額の 弁護士費用を

협력하여, 경제적인 이유에서 고액의 변호사비용을

支払う ことが できない 方々にも リーガルサービスを

지불할 수 없는 분들에게도 법률서비스를

提供する こと、仕事量の わりに お金に ならなそうで、

제공하는 것, 업무량에 비해서는 돈이 되지 않을 것 같아,

---

44) 渋谷シビック法律事務所,
東京都渋谷区渋谷 3-10-13 渋谷Rサンケイビル 8階

一般的な 法律事務所では 受任しないような 事件の 最後の
일반적인 법률사무실에서는 수임하지 않을법한 사건의 마지막

受け皿に なる こと などを 目的に 設立された 事務所であり、
인수처가 되는 것 등을 목적으로 설립된 사무실로,

私の 仕事も、おのずと、多重債務を 抱えた方の 債務整理や、
나의 일도 자연히 다중채무를 안은 분의 채무정리나,

離婚、相続などの家事事件、刑事事件の 国選弁護 などが
이혼, 상속 등의 가사사건, 형사사건의 국선변호 등이

多く なって いる。 많아지고 있다.

全盲で 弁護士に なった 視覚障害者は これ までに
양쪽 눈이 모두 보이지 않는 상태로 변호사가 된 시각장애인은 지금까지

私も 含めて 3人 いるが、私の場合、弁護士の 仕事を
나를 포함해 세 명 있지만, 나의 경우, 변호사의 일을

どの ように こなして いるのかを、先日 行った 恐喝
어떻게 해내고 있는지를, 요전에 처리한 공갈

未遂事件の 国選弁護人の 仕事を 例に とって 少し
미수사건의 국선변호인의 일을 예로 들어 조금

具体的に 書いて みる ことにする。 구체적으로 써 보기로 한다.

その 事件と いうのは、ある男が、帰宅途中の 電車の
그 사건이라고 하는 것은, 어떤 남자가, 귀가도중의 전철

中で、網棚の 上に 鞄が 置き忘れられているのを 偶然に
안에서, 선반 위에 가방을 놓고 그냥 가버린 것을 우연히

見つけ、その中に 入って いた 個人情報を 使って 鞄の 持ち主に
발견하고 그 안에 들어있는 개인정보를 사용해 가방의 소유자에게

恐喝文言の 記載された メールを 送り つけた という
공갈문언이 기재된 문자를 보냈다고 하는

事件である。私は、裁判所から その 男の 国選弁護人に
사건이다. 나는 재판소로부터 그 남자의 국선변호인으로

選任され、以下の ような 弁護活動を 行った。
선임되어 이하와 같은 변호활동을 했다.

国選弁護人に 選任されると、まず 検察庁に 出向いて
국선변호인으로 선임되면, 우선 검찰청에 나가

その事件の 捜査記録を 閲覧·謄写する必要が ある。
그 사건의 수사 기록을 열람 · 등사할 필요가 있다.

捜査記録は その事件に ついて 警察や 検察が 集めた
수사 기록은 그 사건에 대해 경찰이나 검찰이 모은

証拠に 関する 資料であるが、活字や 図表、写真等が
증거에 관한 자료이지만, 활자나 도표, 사진 등이

中心と なる ため、私が 独力で 内容を 読む ことは できない。
중심이 되기 때문에 나 혼자 힘으로 읽을 수 없다.

そこで、私は 事務所の 職員と 一緒に 検察庁の 閲覧室に 行き、
그래서 나는 사무실직원과 함께 검찰청 열람실에 가,

その 場で 活字の 捜査記録を 読み上げて もらい、必要な ものを
그 자리에서 활자의 수사기록을 읽어 받고, 필요한 것을

謄写して 事務所に 持ち帰る。
등사하고 사무실로 가지고 온다.

事務所に 戻ると、PCに 接続された スキャナで 謄写して きた
사무실에 오면, PC에 접속된 스캐너로 등사해 온

コピーを 読み取り、活字認識ソフトを 使って 活字を
복사를 읽어내, 활자 인식소프트를 사용해 활자를

電子データに 変換する。 전자데이터로 변환한다.

そして、出来上がった 電子データを 画面 読み上げ
그리고 완성된 전자데이터를 화면낭독

ソフトで 読み上げ させ その事件の 証拠を 検討する。
소프트로 읽어내도록 하고 그 사건의 증거를 검토한다.

この ように、IT機器等を 駆使すれば 私も かなりの ところまで
이와 같이, IT기기 등을 구사하면 나도 상당한 부분까지

活字情報に アクセスできるが、活字認識ソフトは しばしば
활자 정보로 access할 수 있지만, 활자인식 소프트는 자주

誤認識を するし、写真や 図表は PCで 読み上げさせる ことが
오류인식을 하고 사진이나 도표는 PC로 읽어 내릴 수

できないので、データの 修正や 写真の 説明 などの 部分では、
없기 때문에, 데이터 수정이나 사진설명 등의 부분에서는,

事務所の 職員の サポートが 不可欠で ある。
사무실 직원의 도움이 불가결하다.

捜査記録の 検討が 終わると、次は 警察署の 留置場に
수사기록의 검토가 끝나면, 다음은 경찰서 유치장에

収監されて いる 被告人への 接見である。私は 接見に
수감되어 있는 피고인 접견이다. 나는 접견하러

赴く 際にも 事務所の 職員に 同行して もらう ことに
갈 때에도 사무실직원의 동행하여 받는 것으로(동행해준다)

して いる。これは 被告人が ゼスチュアなどで 事件の 様子を
하고 있다. 이것은, 피고인이 gesture 등으로 사건의 모습을

再現した 場合、私には それを 見る ことが できないし、場合に
재현했을 경우, 나에게는 그것을 볼 수 없고, 경우에

よっては、接見室の 仕切りガラス 越しに 書類を 見せながら
따라서는, 접견실의 칸막이유리 너머 서류를 보이면서

打ち合わせを 行う 必要が ある ことも ある からである。
협의할 필요가 있는 경우도 있기 때문이다.

その 事件の 被告人は 事実を 認めて 反省して いる ため、
그 사건의 피고인은 사실을 인정하여 반성하고 있기 때문에,

被害者と 示談を 進め、被告人の 父親に 情状証人として
피해자와 합의를 진행해 피고인의 부친이 정상증인으로서

裁判に 出廷して もらって 被告人の 更生の ための 環境が
재판에 출두하여(에게 ~해 받고) 피고인의 갱생을 위한 환경이

整って いる ことを 裁判官に アピールする という 弁護方針で
갖추어져 있음을 재판관에게 어필한다고 하는 변호방침으로

臨む ことに した。そして、被害者とは なんとか 被告人が
임하기로 했다. 그리고 피해자와는 어떻게든 피고인이

30万円を 支払う ことで 示談が でき、被告人の 父親との
30만 엔을 지불하는 것으로 합의가 되어 피고인 부친과의

打ち合わせも 済ませて 裁判当日を 迎える。
협의도 마치고 재판 당일을 맞이한다.

被告人の お父さんの 証人尋問、被告人への 質問を こなし、
피고인 아버지의 증인심문, 피고인에 대한 질문을 잘 해내고

弁護人の 一番の 大仕事、最終弁論に なる。
변호인의 가장 중요한 최종 변론이 된다.

ここで、私は 手元の 点字の メモを 読みながら、今回の 犯行の
여기서 나는 수중의 점자메모를 읽으면서, 이번 범행의

経緯、被告人の 反省が 真摯である こと などを 述べ
경위, 피고인의 반성이 진지한 것 등을 진술하고,

最後に「執行猶予付きの 判決を 求める 次第です」と 結ぶ。
마지막으로 "집행유예 판결을 요구하는 바입니다"라고 맺는다.

判決は1週間後に言い渡された。判決の主文は、懲役2年6月、
판결은 1주일 후에 선고받았다. 판결의 주문은, 징역 2년 6월,

執行猶予3年。心の中で「やった、執行猶予付きだ」と
집행유예 3년. 마음속으로 "야호! 집행유예부다!"라고

ガッツポーズ[45]を する。その場で 被告人は 釈放され、
승리의 포즈를 한다. 그 자리에서 피고인은 석방되어

「ありがとうございました」と 握手を 求められる。それまでは
"감사합니다." 라며 악수를 청한다. 그때까지는

接見室の 仕切り ガラス 越しで しか 話せなかった 彼の 温かい
접견실의 칸막이유리 너머로 밖에 이야기할 수 없었던 그의 따뜻한

体温を 感じる。まさに 弁護士冥利に 尽きる 瞬間である。
체온을 느낀다. 정말로 변호사의 사명을 다하는 순간이다.

ここまで書いてきたように、私は、PCの画面読み上げ
여기까지 쓴 것처럼(써왔듯이) 나는 PC화면낭독

ソフトや スキャナ、点字プリンタ などのIT機器を 使い、
소프트나 스캐너, 점자 프린터의 IT기기를 사용해,

事務所の職員の サポートを 受けて 弁護士としての 仕事を
사무실 직원의 도움을 받아 변호사로서의 일을

行って いる わけであるが、これらの 機器類の 購入に 際しては、
하고 있지만, 이러한 기기류의 구입은

---

45) ガッツポーズ (일본조어) guts pose 운동선수 등이 주먹을 쳐들어 승리를 표시하는 자세 victory pose

事務所で 半額を 負担して もらい、また、事務所で 私 専属の
사무실에서 반액을 부담해 주고 또 사무실에서 내 전속

事務員を 1人 雇って くれて いる。公設事務所 という 性格上、
직원을 1인 고용해 주고 있다. 공설사무실라고 하는 성격상,

収入的に たいして 儲かって いる はずは ないのだが、
수입면에 대해서 에서 돈을 버는 것은 아니지만

私のために 最大限の 援助を して くれて いると 感じる。
나를 위해서 최대한의 원조를 해주고 있다고 느낀다.

実に ありがたい ことである。　　실로 고맙다.

ところで、今も まだ 日々 文字通りの 手探り 状態の
그런데, 지금도 아직 날마다 문자 그대로 더듬어 찾는 상태의

若葉マーク[46]の 弁護士であるが、ここまで 来る 道程も
초보상태의 변호사이지만, 지금까지 오는 도정도

けっして 平坦な もの ではなかった。私が 弁護士を
결코 평탄한 것은 아니었다. 내가 변호사를

目指して から 司法試験に 合格する までの ことを
목표로 하고 나서 사법시험에 합격하기까지의 일을

---

46) 초보운전자 표시로 자동차에 붙이는 어린잎 마크.

少し 書いて みたいと 思う。 조금 써 보고 싶다.

私が 初めて 司法試験を 受験したのは 22歳、大学４年生の
내가 처음 사법시험을 본 것은 22세, 대학 4학년 때

ころ であった。しかし それから ４年 連続で １次の
즈음이었다. 그러나 그리고 나서 4년 연속으로 1차

マークシート式の 試験で あえなく 敗退。大学同期の 友人が
마크시트식의 시험에서 어이없게 떨어졌다. 대학동기 친구가

社会人として バリバリ 働いて いるのを 横目に 毎日 自宅の
사회인으로서 열심히 일하고 있는 것을 곁눈질해가며 매일 자택의

机に 向かって 受験勉強を する 灰色の時期が 続いた。
책상에 앉아 수험 공부를 하는 회색시기가 계속 되었다.

その後、慶應義塾大学の 法科大学院に 入学し、また ２年間の
그 후, 케이오대학의 법과대학원에 입학, 또 2년간의

学生生活に 戻った。法科大学院の 授業は、予習復習を
학생생활로 돌아왔다. 법과대학원의 수업은, 예습복습을

自分で 行って いる ことを 前提として 行われる ため、
스스로 할 것을 전제로 하기 때문에

授業以外の 時間に ボランティアや 友人の 助けを 借りて
수업이외의 시간에 자원봉사나 친구의 도움을 빌려

教科書や 参考資料を PCの スキャナで 取り込み、明け方まで
교과서나 참고자료를 컴퓨터의 스캐너로 불러들여, 새벽녘까지

かかって それを 読み込む ような 毎日だった。そして、
(시간이) 걸려 그것을 읽는 매일이었다. 그리고,

一昨年、５度目の 司法試験挑戦で なんとか 合格。弁護士を
재작년, 5번째의 사법시험에 도전해서 어떻게든 합격. 변호사를

目指して 勉強を 始めてから およそ 10年目の ことである。
목표로 공부를 시작하고 나서 대략 10년째의 일이다.

ここで、司法試験に おける 視覚障害者への 配慮に ついても
여기에서 사법시험의 시각장애인에 대한 배려에 대하여

少し 書いて おく ことに する。私が 受験した 2006年の
조금 써 두기로 하겠다. 내가 응시한 2006년의

試験では、試験時間の 延長(マークシート式の １次試験は ２倍、
시험에서는 시험기간의 연장(마크시트식의 1차 시험은 2배,

論述式の２次試験は 1.5倍) 一般受験者とは 別の 部屋での
논술식의 2차 시험 1.5배), 일반응시자와는 다른 방에서

受験、点字と 電子データでの 出題、自分の PCを 使った
응시, 점자와 전자데이터로의 출제, 자신의 PC를 사용한

電子データでの 答案作成が 認められた。司法試験は 4日間を
전자데이터로 답안작성이 인정되었다. 사법시험은 4일간을

かけて 試験が 行われる ため、一般の 試験時間も かなり
걸쳐서 시험이 행해지기 때문에 일반시험기간도 꽤

長いが、それを 延長する わけ であるから、視覚障害者の
길지만, 그것을 연장하는 것이니까 시각장애인의

場合は、4日間で 36時間半と いう 過酷な 耐久レースに なる。
경우는 4일간 36시간 반이라고 하는 과혹한 인내경주가 된다.

近年では 司法試験の 合格者数も 増やされ、従来より
근래는 사법시험의 합격자수도 늘어나고 종래보다

合格しやすい 試験に なった ことは 間違い ないが、
합격하기 쉬운 시험이 된 것은 틀림없지만,

準備の ために 必要な 時間の 長さ、問題の 質と量、求められる
준비를 위해 필요한 시간의 길이, 문제의 질과 양, 요구되는

精神力と 体力などを 総合すれば、司法試験は、今もって
정신력과 체력 등을 종합하면, 사법시험은, 아직도

日本でも 指折りの 難関試験の 一つ である と 言う
일본에서도 손꼽히는 난관시험의 하나라고

ことが できると 思う。しかし、去年も 中途失明で
할 수 있다. 그러나 작년에도 중도실명으로

全盲に なった 視覚障害者が 1人 合格し、これまでの
양쪽 눈을 못 보는 시각장애인이 한 명 합격해서 지금까지

竹下弁護士、渡部弁護士、私に 続いて 数ヵ月 後には
타케시타 변호사, 와타나베 변호사, 나로 이어져 수개월 후에는

4人目の 視覚障害を 持つ 弁護士[47]が 誕生する。
네 번째의 시각장애를 가진 변호사가 탄생한다.

欧米では 法律専門職に 就く障害者も それほど 珍しい もの
구미에서는 법률전문직에 종사하는 장애인도 그 정도로 드문 것은

ではないと 聞くが、これから 日本も そのような 社会に なって
아니라고 들었는데, 앞으로 일본도 그러한 사회가 되어

---

47) 全盲の状態で弁護士になった人のほかにも、弱視の状態で弁護士になった人、弁護士になって以降に視覚障害をもった人をふくめて、視覚障害がある弁護士が活躍している。(初出「障害者欠格条項をなくす会ニュースレター」42号 2008年6月発行) 양쪽 눈이 모두 보이지 않는 상태로 변호사가 된 사람 외에도, 약시 상태로 변호사가 된 사람, 변호사가 된 이후에 시각 장애를 가진 사람을 포함하여, 시각장애가 있는 변호사가 활약하고 있다. 처음으로「장애자 결격조항을 없애는 모임 뉴스레터」42호 2008년 6월 발행.

いくの かも しれない。 갈지도 모른다.

少し 話は 変わるが、先日 読んだ 本の中で 村上春樹が、
약간 이야기는 바뀌지만, 요전에 읽은 책 중에 무라카미 하루키가

「人生は 基本的に 不公平な もので ある。それは 間違いの ない
"인생은 기본적으로 불공평한 것이다. 그것은 틀림없는

ところだ。しかし、たとえ 不公平な 場所に あっても、そこに
사실이다. 그러나 비록 불공평한 장소에 있더라도 거기에

ある種の『公正さ』を 希求する ことは 可能である と 思う。
어떤 종류의 「공정함」을 희구하는 것은 가능하다고 생각한다.

それには 時間と 手間が かかる かも 知れない。
거기에는 시간과 수고가 들지도 모른다.

あるいは、時間と 手間を かけた だけ 無駄だったね、
혹은 시간과 수고를 드렸을 뿐 헛수고였네!

と いう ことに なる かも しれない。その ような『公正さ』に、
라는 것이 될지도 모른다. 그와 같은 「공정함」에

あえて 希求する だけの 価値が ある かどうかを 決めるのは、
굳이 희구할 만큼의 가치가 있을지 어떨지를 결정하는 것은,

もちろん 個人の 裁量で ある。」と 書いて いるのを 見つけた。
물론 개인의 재량이다." 고 쓰여 있는 것을 발견했다.

私も これには 同感だ。視覚障害を 持ちつつ 弁護士を
나도 이것에는 동감한다. 시각장애를 가진 채 변호사를

やって いると、膨大な 活字の 書面や 資料を 前に した とき
해보면, 방대한 활자의 서면이나 자료를 앞에 두었을 때

など、ああ 自由に これらを 読めれば などと もどかしい
등, 아~ 자유롭게 이것들을 읽을 수 있으면 (얼마나 좋을까)하고 답답한

思いを する ことも あるし、図表や 写真が 読めなくて 深刻な
생각이 들 때도 있고 도표와 사진을 읽을 수 없어서 심각한

不便を 感じる ことも ある。しかし、たまに、事件処理が
불편을 느낄 때도 있다. 그러나 이따금, 사건처리가

終わった 後など、依頼者から「今回、先生の ように がんばって
끝난 후 등, 의뢰인으로부터, "이번에 선생님같이 열심히 노력하고

いらっしゃる 方に お会い できて 本当に よかったです」などと
계시는 분을 만나 뵙게 되어 정말로 다행입니다." 라는

言って いただく ことがある。そんな ときには「そうですか、
말을 들을 때가 있다. 그럴 때에는, "그렇습니까,

そう 言って いただけると 私も うれしいですよ。」などと
그렇게 말씀해 주시면도 기뻐요." 라고

クールに 決めては みるが、後で、「私の 障害も まんざら[48]
멋지게(cool) (대답하려고 맘속으로) 정해보지만 나중에 "나의 장애도 반드시

捨てた もの ではないな」と、一人で にやにやしちゃう のである。
쓸모없는 것은 아니구나." 하고 혼자서 히죽히죽 웃고 만다.

私は これからも、人生は 不公平だと 嘆く よりは、自分の できる
나는 앞으로도 인생은 불공평하다고 한탄하기보다는, 자신이 할 수 있는

限りの ことを して、自分なりの 「公正さ」を 求め 続けたいと
것을 하고, 내 나름대로 「공정함」을 계속 추구하고

思って いる。そして、いつか、この 文章(ぶんしょう)の 冒頭(ぼうとう)に 登場(とうじょう)した
싶다. 그리고 언젠가, 이 문장의 서두에 등장한

先輩弁護士(せんぱいべんごし)に、一度(いちど) くらいは「お前(まえ)、それで こそ 弁護士(べんごし)だ」と
선배 변호사로부터 한 번 정도는 "너야말로 변호사다." 라고

言(い)わせたいと 思(おも)って いる。
말하게 하고 싶다고 생각하고 있다. (말하게 하고 싶다)

---

48) まんざら 捨てた ものでもない 꼭 버려야 하는 것은 아니다. 꽤 쓸 만하다.

비슷한 발음끼리 연상하기

竹(たけ)だけ	대나무뿐
鹿(しか)しか	사슴밖에
蚤(のみ)のみ	벼룩만
宝(たから)だから	보석이니까
桃(もも)は 桃色(ももいろ)	복숭아는 분홍색
涙(なみだ)は 波(なみ)だ	눈물은 파도이다
酒(さけ)を 避(さ)ける	술을 피하다
牛(うし)を 失(うしな)う	소를 잃다
虎(とら)を 捕(とら)える	호랑이를 붙잡다
捉(とら)え 方(かた)	파악하는 방법, 해석방법
罪(つみ)を 積(つ)みながら	죄를 쌓으면서
私(わたし)が 渡(わた)した	내가 건네줬다
春(はる)は 遥(はる)かに	봄은 아득히
夏(なつ)は 懐(なつ)かしい	여름은 그립다
秋(あき)は 飽(あ)きる	가을은 질린다
冬(ふゆ)は 鰒(ふぐ)	겨울은 복어
予想(よそう)を 装(よそお)う	예상을 가장하다
クラスメートと 暮(くら)す	클래스메이트와 생활하다

쉬어가는 코너

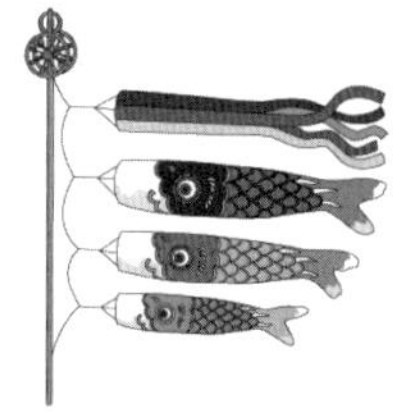

鯉幟(こいのぼり)[49] 잉어장대

やねより たかい こいのぼり

おおきい まごいは おとうさん

ちいさい ひごいは こどもたち

おもしろそうに およいでる

屋根(やね)より 高(たか)い 鯉(こい)のぼり

지붕보다 높은 잉어장대

大(おお)きい 真鯉(まごい)は お父(とう)さん

커다란 검은 잉어는 아버지

小(ちい)さい 緋鯉(ひごい)は 子供(こども)たち

작은 비단잉어는 아이들

面白(おもしろ)そうに 泳(およ)いでる

재미있는 듯 헤엄치고 있구나.

---

49) 남자아이의 성장과 출세를 기원하는 연중행사로 5월 5일 잉어모양의 헝겊을 장대높이 걸어놓는다.

十人(じゅうにん)の 真犯人(しんはんにん)を
逃(のが)すとも 一人(ひとり)の 無辜(むこ)を
罰(ばっ)する 勿(なか)れ

열 명의 진범을 놓치더라도 한 명의 무고한 자를 벌하지 말지어다.

疑(うたが)わしきは 被告人(ひこくにん)の
利益(りえき)に

의심스러울 때는 피고인의 이익으로
in dubio pro reo

2010년 신사법시험(민사법 단답식) 〔第２問〕 (配点：２)

원문

Aから 動産 甲を 購入する 旨の 契約を 締結した Bが、契約締結時に 代金の うち 一部を 支払い、その後、残代金の 弁済を 提供して 動産甲の 引渡しを 求めた にも かかわらず Aが これに 応ぜず、それから 相当期間が 経過した 後に Aが その 住所を 去って 行方が 分からなく なった 場合に 関する 次の アから エまでの 各記述の うち、正しい ものを 組み合わせた ものは、後記１から６までの うち どれか。

해석

A로부터 동산 갑을 구입하는 내용의 계약을 체결한 B가 계약체결시에 대금 가운데 일부를 지급하고 그 후 잔금의 변제를 제공하여 동산갑의 인도를 요구했음에도 불구하고 A가 이에 응하지 않고 그로부터 상당기간이 경과한 후에 A가 그 주소를 떠나 행방을 모르게 된 경우에 관한 다음의 1~4까지의 각 기술 가운데 올바른 것을 조합한 것은 후기1~6 중에 어느 것인가.

어구해설

旨(むね) 내용, 취지　うち 가운데

支払(しはら)う 지급하다 → しはらい(중지형)

引渡(ひきわた)す → ひきわたし 인도

求(もと)める 요구하다　にも かかわらず ~에도 불구하고

応(おう)ず 응하다 → おうぜ + ず 응하지 않고

去(さ)る 떠나다 行方(ゆくえ) 행방

分(わ)からない → わからなく + なる 모르게 되다

→ わからなく なった 場合(ばあい) 경우

正(ただ)しい 바르다, 맞다 組(く)み合(あ)わせ 조합, 묶은 것

원문

ア. Aが その 財産の 管理人を 置かないで 行方不明になった場合に おいて、家庭裁判所は、Bの 請求により、Aの 財産の 管理に ついて 必要な 処分を 命ずる ことが できる。

해석

A가 그 재산의 관리인을 두지 않고 행방불명이 된 경우에 있어서 가정재판소는 B의 청구에 의해 A재산의 관리에 대하여 필요한 처분을 명할 수 있다.

어구해설

置(お)く 두다 → おかないで 두지 않고

行方不明(ゆくえふめい) 행방불명

に なる ~이 되다 → に なった ~이 되었다

に おいて ~에 있어서 に よる → より ~에 의해

命(めい)ずる + ことが できる 명할 수 있다

원문

イ. Bは、債権者を 確知する ことが できない との 理由に より、残代金を 供託して その 債務を 免れる ことが できる。

해석

B는 채무자를 확실히 알 수 없다고 하는 이유에 의해 잔금을 공탁하고 그 채무를 면제받을 수 있다.

어구해설

ことが できない + との 할 수 없다고 하는

免(まぬか)れる 모면하다

원문

ウ. Bが Aとの 売買契約を 解除する 旨の 意思表示は、公示の方法に よって する ことが できるが、Bが Aの 所在を 知らない ことに ついて 過失が あった ときは、公示に よる 意思表示は 到達の効力を 生じない。

해석

B가 A와의 매매계약을 해제하는 내용의 의사표시는 공시방법에 따라 할 수 있지만 B가 A의 소재를 모르는 것에 대해서 과실이 있었을 때는 공시에 의한

의사표시는 도달효력이 생기지 않는다.

어구해설

知(し)る 알다 → しらない 모르다

ある 있다 → あった 있었다 + とき 있었을 때

生(しょう)じる → しょうじない 생기지 않는다

원문

エ. Aが その 住所を 去った 後 国外に いた 場合、A の 債務不履行を 理由と する 動産甲に 係る 売買契約の 解除権の 消滅時効は、その国外に いる 期間 その 進行を 停止する。

해석

A가 그 소재를 떠난 후 국외에 있었던 경우, A의 채무불이행을 이유로 하는 동산 갑에 관한 매매계약의 해제권의 소멸시효는 그 국외에 있는 기간(의) 그 진행을 정지한다.

어구해설

去(さ)る 떠나다 → さった + 後(あと) 후

いる 있다 → いた + 場合(ばあい) 있었던 경우

と する ~로 하다

1. アイ　2. アウ　3. アエ　4. イウ　5. イエ　6. ウエ

2010년 신사법시험(민사소송법 단답식) 〔第55問〕 (配点 : 2)

원문

手形債権の 消滅時効に 関する 次の 1から 5までの 各記述の うち、誤って いる ものは どれか。

해석

어음채권의 소멸시효에 관한 다음 1에서 5까지의 각 기술 가운데, 잘못된 것은 어느 것인가?

어구해설

手形(てがた) 어음　うち 가운데　誤(あやま)る 틀리다

원문

1. 裏書人の 他の 裏書人 及び 振出人に 対する 手形上の 請求権は、その 裏書人が 手形を 受け戻した 日又は 手形金請求の 訴えを 受けた 日の いずれかの 日から 6月を もって、時効に 罹る。

해석

배서인의 다른 배서인 및 발행인에 대한 어음상의 청구권은, 그 배서인이 어음을 되돌려 받은 날 또는 어음금청구의 소를 받은 날의 어느 쪽인가의 날부터

6월로써 시효에 걸린다.

어구해설

裏書人(うらがきにん) 배서인 及(およ)び 및

振出人(ふりだしにん) 발행인 受(う)け戻(もど)す 되돌려 받다

又(また)は 또는 いずれか 어느 쪽인가

を もって ~로써 罹(かか)る (병, 시간에) 걸리다

원문

2. 判例に よれば、債務の 支払の ために 手形の 交付を 受けた 債権者が 債務者に 対し 手形金請求の 訴えを 提起した ときは、原因債権に ついても、消滅時効の 中断の 効力が 生ずる。

해석

판례에 의하면, 채무의 지불을 위해서 어음교부를 받은 채권자가 채무자에 대하여 어음금청구의 소를 제기했을 때는, 원인채권에 대해서도, 소멸시효의 중단의 효력이 생긴다.

어구해설

に よる → よれば ~의하면 N+の + ために ~를 위하여

に 対(たい)し = 対して ~에 대하여 訴(うった)え 소 時(とき) 때

に ついて+も ~에 대해서도 生(しょう)ずる 생기다

원문

3. 手形所持人の 約束手形の 振出人に 対する 手形債権の 消滅時効が 中断された 場合、その 手形保証人に 対する 手形債権に ついても、消滅時効の 中断の 効力が 生ずる。

해석

어음소지인의 약속 어음의 발행인에 대한 어음채권의 소멸 시효가 중단된 경우, 그 어음보증인에게 대한 어음채권에 대해서도, 소멸 시효의 중단의 효력이 생긴다.

어구해설

する 하다 → される 되다 → された + 場合(ばあい) ~된 경우

원문

4. 判例に よれば、受取人 白地の 手形に よる 手形金請求の 訴えを 提起した 場合でも、同訴訟の 提起時に、手形債権に ついて 消滅時効の 中断の 効力が 生ずる。

해석

판례에 의하면, 수취인 백지의 어음에 의한 어음금청구의 소를 제기한 경우라도, 동 소송의 제기 시 어음채권에 대해서 소멸시효의 중단의 효력이 생긴다.

어구해설

手形(てがた)債権(さいけん) 어음채권

消滅(しょうめつ)時効(じこう) 소멸시효

원문

5. 判例に よれば、約束手形の 所持人と 裏書人との 間に おいて 裏書人の 手形上の 債務に つき 支払猶予の 特約が された 場合には、手形所持人の 当該裏書人に 対する 手形上の 請求権の 消滅時効は、当該猶予期間が 満了した 時から 進行する。

해석

판례에 의하면, 약속어음의 소지인과 배서인과의 사이에 배서인의 어음상의 채무에 대해서 지급유예의 특약이 된 경우에는, 어음소지인의 해당배서인에 대한 어음상의 청구권소멸시효는, 해당유예기간이 만료한 때부터 진행한다.

어구해설

間(あいだ)に おいて ~에 있어서 に つき ~에 대해

支払(しはらい)猶予(ゆうよ) 지급유예

2010년 신사법시험(형사법 단답식) 〔第2問〕 (配点 : 2)

원문

不作為犯(ふさくいはん)に 関(かん)する 次(つぎ)の 1から 5までの 各(かく) 記述(きじゅつ)の うち、誤(あやま)って いる ものは どれか。

해석

부작위범에 관한 다음의 1~5의 각 기술 가운데 틀린 것은 어느 것인가?

어구해설

誤(あやま)る → あやまって いる 잘못되어 있다, 어긋나 있다.

원문

1. 真正(しんせい)不作為犯(ふさくいはん)と 不真正(ふしんせい)不作為犯との 違(ちが)いは、 刑罰法規(けいばつほうき) その ものが 構成(こうせい)要件(ようけん)要素(ようそ)として 明文(めいぶん)で 不作為を 規定(きてい)して いるか 否(いな)か に ある。

해석

진정 부작위범과 부진정 부작위범과의 차이는 형사법규 그 자체가 구성요건요

소로서 명문으로 부작위를 규정하고 있는지 아닌지에 있다.

어구해설

~と ~との ~와 ~와의　違(ちが)い 차이

한자어＋そのもの 그 자체

として ~로서　か 否(いな)か ~지 아닌지

원문

2. 作為(さくい)義務(ぎむ)を 不真正不作為犯の 成立要件(せいりつようけん)と **する ことに より**、結果(けっか)の 発生(はっせい)を **回避**(かいひ)**し 得**(う)**る** 作為を しなかった 複数(ふくすう)の 者(もの)の 中(なか)から 不作為犯の 主体(しゅたい)**となり 得**(え)**ない** 者(もの)を 除外(じょがい)**する ことが できる**。

해석

작위의무를 부진정부작위범의 성립요건으로 함으로서 결과의 발생을 회피할 수 있는 작위를 하지 않았던 복수의 자 가운데에서 부작위범의 주체가 될 수 없는 자를 제외할 수 있다.

어구해설

V기＋ことに なり ~는 것에 의해, ~함으로서

Vi＋うる ~할 수 있다　Vi＋えない ~할 수 없다

する → し ＋ 得(う)る ~할 수 있는

しない → しなかった ~하지 않았다

~と なる ~로 되다 → と なりえない ~로 될 수 없는

V기 + ことが できる ~ㄹ 수 있다

원문

3. 不作為**とは**「一定(いってい)の 作為を しない こと」を 意味(いみ)**するから**、他人(たにん)の 住居内(じゅうきょない)で 居住者(きょじゅうしゃ)から 退去(たいきょ)要求(ようきゅう)を 受(う)けた 場合(ばあい)に **なすべき**「一定の 作為」が「住居(じゅうきょ)から 退去(たいきょ)する こと」だ と **すると**「その 住居内(じゅうきょない)に **居座**(いすわ)**る** こと」も「その 住居内(じゅうきょない)で 財物(ざいぶつ)を 窃取(せっしゅ)する こと」も 不作為である。

해석

부작위라는 것은 '일정한 작위를 하지 않은 것'을 의미하기 때문에 타인의 주거 내에서 거주자로부터 퇴거요구를 받은 경우에 해야 할 '일정한 작위'가 '주거로부터 퇴거하는 것'이라고 한다면 '그 주거 내에 버티고 앉는 것'도 '그 주거 내에서 재물을 절취하는 것'도 부작위이다.

어구해설

とは ~라 함은 する + から ~하기 때문에

なす 하다 + べき 해야 하는 だと + する + と ~라고 한다면

居座(いすわ)る 눌러앉다

원문

4. 不真正不作為犯を 認(みと)める 見解(けんかい)に 対(たい)しては 「無(む)から 有(ゆう)は 生(しょう)じない」から 因果関係(いんがかんけい)**が** 認(みと)め**られない という** 批判(ひはん)が **あり得(う)る**が、期待(きたい)された 作為を 行(おこな)って**いたら** 結果(けっか)の 発生(はっせい)**が** 避(さ)けられた **であろう という** 場合(ばあい)には 因果(いんが)関係(かんけい)が 認(みと)められる との 反論(はんろん)が 可能(かのう)である。

해석

부진정부작위범을 인정하는 견해에 대해서는 '무에서 유는 생기지 않으니까' 인과관계를 인정할 수 없다고 하는 비판이 있을 수 있지만 기대된 작위를 하고 있었다면 결과의 발생을 피할 수 있었을 것이라고 하는 경우에는 인과관계를 인정할 수 있다고 하는 반론이 가능하다.

어구해설

＊ 가능동사 앞에서 조사 が를 쓰는 것에 주의

認(みと)める 인정하다 → ~が みとめられる ~를 인정할 수 있다

みとめられ + ない 인정할 수 없다

避(さ)ける 피하다 → ~が さけられる ~를 피할 수 있다

あり得(う)る+が 있을 수 있지만 と いう 라고 하는

行(おこな)う → おこなって いる → いたら 행하고 있었다면

た + であろう (과거에) 그랬을 것이다+と いう ~라고 말하는

원문

5. 不真正不作為犯の 成立(せいりつ)要件(ようけん)としての 作為義務を 認(みと)める **ためには** 不作為者が 結果発生(けっかはっせい)の 原因(げんいん)と **なる** 先行(せんこう)行為(こうい)を **行(おこな)えば 足(た)りる** と する 見解(けんかい)に 対(たい)しては 故意(こい) 又(また)は 過失(かしつ)**に よって** 人(ひと)に 傷害(しょうがい)を 与(あた)えた 者(もの)が その後(ご) 殺意(さつい)**を もって** その 人(ひと)を 救助(きゅうじょ)**せずに** 放置(ほうち)して 死亡(しぼう)させた 事案(じあん)**に おいて**、不作為に よる 殺人罪(さつじんざい)が 認(みと)められる 範囲(はんい)が 狭(せま)く **なり過(す)ぎる との** 批判(ひはん)が 可能(かのう)である。

해석

부진정부작위범의 성립요건으로서 작위의무를 인정하기 위해서는 부작위자가 결과발생의 원인이 되는 선행행위를 행한다면 충분하다고 하는 견해에 대해서는 고의 또는 과실에 의해 다른 사람에게 상해를 입힌 자가 그 후 살의를 갖고 그 사람을 구조하지 않고 방치하여 사망시킨 사안에 있어서 부작위에 의한 살인죄가 인정되는 범위가 너무 좁게 된다고 하는 비판이 가능하다.

어구해설

V기+たまには ~기 위해서는

行(おこな)う 행하다 → おこなえば たりる 행하면 족하다

与(あた)える 부여하다 をもって ~를 가지고, 로써

する → せ + ずに ～하지 않고서

Aく なる ～게 되다, 지다　Vi + すぎる 너무 ～하다

狭(せま)い 좁다 → せまく なる 좁아지다

→ せまく なり + すぎる 너무 좁아지다　との ～라고 하는

쉬어가는 코너

蝶々(ちょうちょう)　나비야

ちょうちょう (× 2)	나비야 나비야
菜(な)の 葉(は)に 止(と)まれ	유채꽃에 멈춰라
菜の 葉に 飽(あ)いたら	유채꽃이 싫증나면
桜(さくら)に とまれ	벚꽃에 멈춰라
桜の 花の 花から 花へ	벚꽃의 꽃에서 꽃으로
止(と)まれよ 遊(あそ)べ	멈춰라, 놀아라.
あそべよ とまれ	놀아라, 멈춰라.

독해문제

法人とは、人間が集まった集団·団体等について、法律が人間と同様に人格・法主体性を認めたものであり、 株式会社等の会社や社団法人・財団法人等がある。 自然人と法人に人格ないし法主体性があるということは、例えば、金銭支払請求権や、ボールペン, 土地·建物の所有権等を有する資格が認められるということである。これに対して、自然人·法人以外の物(動物等)には、法主体性は認められない。動物は、植物、ボールペン、土地·建物等と同様、物の一種として扱われる。例えば飼い主が飼い犬にえさを与えても、 飼い犬にえさの所有権が認められるわけではない。 犬はあくまで飼い主の所有権の客体であって、 所有権の主体となることはできないからである。現代においては、人間は物とはならず、人間が所有権の客体となることはない。

해석

법인이라는 것은 인간이 모인 집단, 단체 등에 대하여 법인과 인간과 마찬가지로 인격, 법주체성을 인정한 것이며 주식회사 등의 회사와 사단법인, 재단법인 등이 있다. 자연인과 법인에게 인격내지 법주체성이 있다고 하는 것은 예를 들면 금전지급청구권이나 볼펜, 토지, 건물소유권 등을 가질 자격이 인정된다고 하는 것이다. 이에 반해 자연인, 법인 이외의 물(동물 등)에게는 법주체성은 인정되지 않는다. 동물은 식물, 볼펜, 토지, 건물 등과 같이 물의 일종으로서 취급된다. 예를 들면 개 주인이 기르는 개에게 먹이를 주더라도 개에게 먹이의 소유권이 인정되는 것은 아니다. 개는 어디까지나 개 주인의 소유권의 객체이며 소유권의 주체가 될 수 없기 때문이다. 현대에 있어서는 인간은 물은 되지 않고 인간이 소유권의 객체가 되는 일은 없다.

어구해설

とは ~라 함은　集(あつ)まる → 集まった 모인　について 에 대하여
認(みと)めた＋もの＋であり 것이며　ないし 내지
ある＋と いう＋ことは 있다고 (말)하는 것은

認(みと)める → 認られる(수동)＋と いう＋こと＋である 인정된다고 하는 것이다　認められる → 認められない 인정될 수 없다

これに 対(たい)して 이와 달리

扱(あつか)う → 扱われる(수동) 취급된다　飼(か)い主(ぬし) 사육주
えさ 먹이　与(あた)える 주다 → 与えても 주더라도
認められる＋わけ＋ではない 인정되는 것은 아니다

あくまで 어디까지나　であって 이며, 이어서
と なる＋ことは 이 되는 것은

できない＋から＋である 할 수 없기 때문이다　において は 에 있어서는

とは ならず ~로는 될 수 없고　なる → なら＋ず(부정)

と なる ことは ない ~로 되는 경우는 없다

人と物の区別に対応して、民法上の主要な権利として、債権と物権の区別がある。債権とは、人が他人に対して、ある行為(給付)を要求する権利である。人に対する権利であり、対人権ともいう。債権の内容としては、代金の支払いや不動産の登記、人を目的地まで運ぶこと(運送)、家庭教師として指導することなどさまざまなものがある。その発生原因には、契約、不当利得、事務管理、不法行為があるが、契約による場合は原則として自由にその内容を定めることができる。請求権概念との関係については議論がある。なお、「債務」とは債権を義務者(債務者)の側から見た表現にすぎず、債権と債務が意味する権利義務関係は同一のものである。物権とは、ある物を支配し、利用・処分することのできる権利である。物に対する権利であり、対物権ともいう。債権と異なり、物権の種類は、所有権・抵当権等、法令に定められたものしか認められない。

해석

人과 物의 구별에 대응하여 민법상의 주요한 권리로서 채권과 물권의 구별이 있다. 채권이라는 것은 人이 타인에 대하여 어떤 행위(급부)를 요구하는 권리이다. 인간에 대한 권리이며 대인권이라고도 한다. 채권의 내용으로서는 대금지급이나 부동산등기, 사람을 목적지까지 운반하는 것(운송), 가정교사로서 지도하는 것 등 여러 가지의 것이 있다. 그 발생 원인에는 계약, 부당이득, 사무관리, 불법행위가 있는데 계약에 의한 경우에는 원칙적으로 자유롭게 그 내용을 정할 수 있다. 청구권개념과의 관계에 대해서는 논의가 있다. 아울러 '채무'라는 것은 채권을 의무자(채무자)측에서 본 표현에 불과하고 채권과 채무가 의미하는 권리의무관계는 동일한 것이다. 물권이라 함은 어떤 물을 지배하고 이용, 처분할 수 있는 권리이다. 物에 대한 권리이며 대물권이라고도 한다. 채권과 달리 물권의 종류는 소유권, 저당권 등 법령에 정해진 것 밖에 인정되지 않는다(정해진 것만 인정된다).

어구해설

として 로서　　ある 있다, (문장 맨 앞에 올 때) 어떤
であるの다　　であり 이며　　とも いう 라고도 말한다
支払(しはら)い 지급　　や 랑　　まで 까지　　運(はこ)ぶ 운반하다
こと 것　　など 등　　さまざまな 여러 가지의　　場合(ばあい) 경우
原則(げんそく)として 원칙적으로　　に よる 에 의한　　その 그
定(さだ)める 정하다　　V기+ことが できる ~할 수 있다　　との 와의
に ついて 에 대하여　　なお 한편
に 過(す)ぎず 에 지나지 않고　　過(す)ぎる 과하다　　もの＋である 것이다
する 하다 → し 하고　　V기＋こと の できる＋N ~할 수 있는
異(こと)なる 다르다 → ことなり 다르고
定(さだ)める 정하다 → さだめられる(수동)
→ さだめられた 정해졌다 ＋もの+しか 밖에
認(みと)める → みとめられる(수동) → みとめられない 인정될 수 없다
(정해진 것 밖에 인정될 수 없다)

쉬어가는 코너

徳川家康(とくがわ いえやす)の 人生訓

人の 一生は 重荷を 負うて、遠き 道を 行くが 如し。

急ぐ べからず。不自由を、常と 思えば 不足なし。

心に 望み おこらば、困窮したる 時を 思い出す べし。

堪忍は、無事の いしずえ、怒りは 敵と 思え。

勝つ こと ばかりを 知って、負くる ことを 知らざれば、

害、其の身に 到る。

己を 責めて、人を 責めるな。

及ばざるは、過ぎたるに 優れり。 (1603년 1월 15일)

사람의 일생은 무거운 짐을 지고 먼 길을 가는 것과 같다.
서두르면 안 된다.
마음대로 되는 것이 없다는 것을 알면 부족함도 없다.
마음에 욕망이 생기거든 곤궁할 때를 생각하라.
인내는 무사(無事)의 초석, 분노는 적이라 생각하라.
승리만 알고 패배를 모르면
해가 자기 몸에 미친다.
자신을 탓하되 남을 나무라지 마라.
미치지 못하는 것은 지나친 것보다 나은 것이다.

일본의 법문화 키워드

<사 항>

1. 裁判員制度・法テラス・ゼロワン・精密司法・司法消極主義
2. 恥・喧嘩両成敗・訴訟嫌い・三割司法・顔役・ヤクザ
3. 肩透かし・本音・建前
4. 大岡裁き・三方一両損
5. 家賃・敷金・礼金
6. 村八分・シカト・いじめ
7. 仇討・仕返し・忠臣蔵・切腹・心中・恩返し
8. 済し崩し・返済
9. 縁切寺・三行半・離活
10. 自白・冤罪・再審
11. 世間しらず・鬼検事・三百代言
12. 揉め事・紛争・諍い・争い・喧嘩
13. 17条憲法・和解・調停・仲裁・仲直り・取り下げ・示談・ADR

<인 물>

14. 伊藤博文・井上毅
15. 江藤新平・箕作麟祥
16. ボアソナード・穂積八束
17. 川島武宜・野田良之
18～20. 穂積陳重・富井政章・梅 謙次郎

1. 裁判員制度·法テラス·ゼロワン·精密司法·司法消極主義

1-1. 裁判員制度(さいばんいん せいど) (2009. 5. 21 시행)

(1) 이전의 배심원제도

배심법에 기초하여 1928~43년에 실시. 선거권이 있는 국민 중에서 추첨으로 선발된 배심원이 방화나 살인사건 등의 중대한 형사사건의 심리에 입회했다. 유죄인지 무죄인지를 배심원만의 다수결로 판단하고 유죄의 경우 양형은 판사가 결정했다. 배심재판이 정지된 이유에 대해서는 직접원인은 '이용되지 않았기 때문에' 라고 생각하지만 왜 이용되지 않았는가에 대해서는 여러 가지 논의가 있다.

① 제도적 결함
배심부적격사건이 정해진 답신(평결)이 과반수로 결정된 피고인에게 유리한 답신을 판사가 자유롭게 '갱신'할 수 있는 항소가 인정되지 않았다. 배심재판을 피고인이 청구하여 유죄가 된 경우는 피고인이 배심비용(호출비용, 여비, 일당, 숙박비) 부담해야 했다.

② 판사, 검사, 변호사가 배심제도에 소극적으로 된 점: 특히 판사와 검사의 반발이 현저했고 배심재판을 요구하는 피고인에 대하여 재판관이 배심청구를 취하하도록 자주 요구했다. 변호사도 그와 같은 분위기를 파악하고 피고인에게 취하를 조언하는 경우도 있었다.

③ 직업재판관신뢰론 : 역사 문화적으로 일본은 직업재판관에 대한 신뢰가 매우 높고 일반시민에게 재판받는 것에 불신감이 있다.

丸田隆, 『陪審裁判を考える』,中公新書

(2) 개요 : '재판원이 참가하는 형사재판에 관한 법률'

국민모두가 재판원으로서 형사재판에 참가하여 피고인이 유죄의 유무와 유죄의 경우 어떤 형으로 할 것인지 판사와 함께 결정하는 제도. 이 제도를 실시하는 나라는 미국, 영국, 프랑스, 독일, 이태리, 한국 등이다.

① 전국 60개 법원에서 시작된다. 재판원은 각각 법원의 관할구역 내에

거주하는 유권자에서 선발.

② 재판은 점심 등을 포함하여 5,6시간. 재판에 걸리는 일수는 3일 이내가 약 7할

③ 재판원이 될 확률 약 4,000명 중 1명(보충재판원을 2명 선발한다고 가정한 경우) 1년간 재판원후보자가 될 확률 약 330~660명 중한 명 (1건당 50~100명을 선발한다고 가정했을 경우)

④ 재판원 및 보충재판원 일당 10,000엔 이내, 재판원후보자 일당 8,000엔 이내

(3) 대상사건과 합의체의 구성

① 사형 또는 무기징역 및 금고에 해당하는 범죄와 관련된 사건

② 법정합의사건으로 고의의 범죄행위로써 피해자를 사망시킨 범죄와 관련된 사건 : 살인, 강도치사상, 상해치사, 위험운전치사, 현주건조물 등 방화, 몸값목적의 유괴, 보호책임자 유기치사 등 중대범죄에만 한정

③ 원칙 : 재판관 3명 + 재판원 6명 (+보충 재판원)
예외 : 재판관 1명 + 재판원 4명 · · · · 小합의체

* 2006년 지방법원에서 수리한 사건 수

① 전국의 지방법원에서 형사통상 제1심사건 수 106,016건

② 재판원 재판대상 사건 수 3,111건
강도치상(939) 살인(642) 현주건조물 등 방화(331)
강간치사상(240) 상해치사(181) 강제외설치사상(161)
강도강간(153) 강도치사(72) 위험운전치사(56) 기타(336)

(4) 재판원의 선임절차

재판원후보자명부의 작성 → 재판원후보자의 선택 및 소환 → 검사 및 변호인에 대한 사전의 정보개시 → 재판원 등 선임절차 진행 → 재판원 및 보충재판원의 선임 → 선서 등

(5) 재판원의 자격

① 재판원의 자격 : 중의원 선거권이 있어야 함

② 결격사유, 취직금지사유, 부적격사유

③ 재판원의 사퇴가 인정되는 경우: 70세 이상의 자, 지방공공단체 의회의 의원, 중병·상해, 개호·양육의 필요, 사업에 현저한 손해가 발생할 우려가 있는 등의 부득이한 사유로 인하여 재판원으로서 직무를 행하기 곤란한 경우

(6) **재판원의 권한**

재판원의 권한은 사실인정과 양형에 대하여 재판관과 전적으로 동일
→ 증인과 피고인, 피해자 등에 대하여 심문이나 질문도 가능

(7) **재판원의 의무**

① 재판원후보자의 의무
② 재판원 및 보충재판원의 의무; 공판기일에의 출두의무, 선서의무, 공평성실하게 직무를 행할 의무, 품위유지의무, 수비의무

(8) **위헌 여부**

(한) 헌법 제101조 제1항은 "사법권은 법관으로 구성된 법원에 속한다." 라고 규정하고 있어 배심제도하에서도 재판은 반드시 법관이 하도록 되어 있음.

(일) 일본헌법 제76조 제1항은 "모든 사법권은 최고재판소 및 법률(재판소법)이 정하는 바에 의하여 설치되는 하급재판소에 속한다." 제76조 제3항에서는 "모든 재판관은 그 양심에 따라 독립하여 그 직권을 행사하고, 이 헌법 및 법률에만 구속된다." 고 규정하고 있어 재판원제도에 대하여 위헌 논란이 있음.

(9) **배심제도와 참심제도 차이**

① 배심제도 : 일반시민 가운데 선정된 성인남녀가 배심원으로서(1회로 끝남) 재판에서의 사실인정에 관여하고 피고인의 유·무죄를 결정하는 제도(미국, 영국 : 판사 1명, 배심원 12명). 배심제도에서의 법관은 법정을 주최하는 사회자로서 배심원의 평결을 기초로 하여 형량을 결정한다.

② 참심제도 : 직업법관과 함께 일정한 임기를 가지고 선임된 시민, 즉 참심원이 재판에 관여하는 제도. 독일과 프랑스, 이탈리아 등에서 행해지고 있는 제도(프랑스 : 판사 3명, 참심원 9명, 독일 : 판사 3명(또는 1명), 참심원

2명). 법률이 예외를 두지 않는 한, 참심원은 공판에서 직업법관과 동등한 권한을 가지고 공소사실의 유무, 인정된 사실에 대한 법령의 적용, 유죄의 경우에는 양형에 관한 판단에 관여. 배심제도와 달리 직업법관과 시민대표가 협동해서 사실 인정 및 양형판단에 관여하기 때문에 보다 신중한 판단을 할 수 있고, 판결의 내용도 일반 시민이 이해하기 쉽게 설시된다. 참심원은 직업법관의 직무를 감시할 수 있으므로 형사사법의 투명성확보에 기여하고 직업법관의 매너리즘을 방지할 수 있는 장점이 있다.

③ 배심제도와 참심제도의 장점 : 일반 시민의 상식이 반영, 재판의 공정성, 일반시민의 관심 유도, 재판에 대한 국민의 납득, 재판의 장기화를 피할 수 있음(소송의 당사자, 특히 피고인에게 이익), 사실인정에 관한 법관의 부담완화

* 재판원제도는 배심제도와 참심제도를 혼용하고 있다. 참심제도를 기본으로 하면서도 일부 배심제적 요소를 채용하여 양 제도를 절충

1-2. 법테라스 法(ほう)テラス : 일본사법지원센터, 대한법률구조공단의 주된 업무인 법률상담, 소송구조(민사소송대리, 형사변호)인 점은 유사하며 차이점은 다음과 같다.

(1) 업 무

한 : 공단 소속변호사가 직접 소송대리를 함.

일 : 센터 소속변호사가 없었으나 2006년부터 소속변호사제도도입. 그 이전에는 센터에서 민원인에게 외부의 변호사, 법무사를 소개해주고 그 변호사, 법무사 비용(보수)을 센터에서 대납해 주었음. 현재도 소속변호사의 소송대리보다는 외부의 변호사에 의한 소송대리가 많은 것으로 보임.

(2) 정 년

한 : 소속변호사를 계약직으로 채용하여 3년이 지나면 정규직이 되고 정규직변호사의 정년은 65세임.

일 : 소속변호사는 모두 계약직임(임기는 10년 이내).

(3) 보 수

한 : 소속변호사의 보수는 법조경력이 동일한 검사의 보수에 준하되 2년차 부터 소송성과급(2년차 100만원, 3년차 150만원, 4년차 이상 200만원)을 별도로 받음.

일 : 소속변호사의 보수는 법조경력이 동일한 검사의 보수에 준함.

(4) 구 성

한 : 변호사, 공익법무관(병원으로 치면 공중보건의에 해당), 일반직, 서무직으로 되어 있음.

일 : 모병제국가이므로 공익법무관제도 없음.

(5) 법률구조대상자

한 : 전 국민의 50% 정도

일 : 전 국민의 20% 정도

1-3. 무변촌 ゼロワン : 전국 203개 지방법원 지원 관할구역 가운데 변호사가 아예 없거나(zero) 한 명(one)밖에 없는 지역

1-4. **精密司法(せいみつ しほう)** 정밀사법

일본의 형사소송의 운용을 가리키는 말로 범죄의 태양, 결과, 동기 등을 세밀하게 해명하고 인정하려고 하는 운용.

1-5. **司法消極主義(しほう しょうきょく しゅぎ)** 사법소극주의

(1) 합헌한정해석은 의회의 판단을 존중하고 법률을 가능한 한 위헌으로 하지 않는 주의. 일본의 위헌판결건수는 1945년 이래 7종 8건.

① 1973년 존속살인중벌규정
② 1975년 薬事法距離制限規定(약국거리의 적정배치규제관련)
③ 1976년 중의원 정수배분규정
④ 1985년 중의원 정수배분규정
⑤ 1987년 삼림법공유림분할제한규정
⑥ 2002년 우편법면책규정

⑦ 2005년 재외일본인 선거권제한
⑧ 2008년 비적출자 국적취득제한

(2) 일본의 판사가 정책형성이나 위헌판단에 소극적인 이유
① 직력(다른 경험이 적다)
② 임기(판단이 자신의 장래에 영향을 미친다)
③ 내각법제국의 존재(관청이 작성한 법안은 내각법제국의 심사를 명확히 하고 나서 국회로 제출된다)

2. 恥·喧嘩両成敗·訴訟嫌い·三割司法·顔役·ヤクザ

2-1. 恥(はじ) 수치심, 부끄러움. 창피. 일본인은 공동체의식이 강하여 전체가 요구하는 것(관습, 규범, 법)을 이행하지 못 하는 것에 대한 수치심이 강하다. 민사소송의 경우도 선진국 중에선 매우 낮은 숫자인데 소송하는 것을 수치로 여기는 국민성이 내포되어 있다. 生き恥(살아있음으로 해서 받는 치욕), 死に恥(죽어서도 치욕으로 남음)라는 단어도 있다.

2-2. 喧嘩両成敗(けんか りょう せいばい)
싸우면 양쪽을 처벌하는 중세 무가법의 하나

① 御成敗式目(ごせいばいしきもく) 중세의 무가법
② 北条泰時(ほうじょう やすとき1183~1242) 鎌倉(かまくら)막부의 제3대 집권. 後鳥羽上皇 등조정과 막부가 싸운 承久의 난에서 막부의 장군으로 조정에 승리함. 評定所의 설치와 御成敗式目제정에 의해 막부의 기반을 굳혔다.
③ 評定所(ひょうじょうしょ)근대이전에 소송을 취급한 기관으로 카마쿠라, 무로마찌 시대의 評定衆이 합의한 장소, 에도시대에 설치된 에도막부의 최고재판기관으로 구분된다.

2-3. 訴訟嫌(そしょう ぎら)い 소송을 싫어하는(기피하는) 일본인의 특징으로 川島武宣의 「일본인의 법의식」에 소개된 말로 일본은 다른 선진국에 비해 소송건수가 극히 적은데 한일 양국의 2010년 7월 현

재 민사소송의 1심사건 신건접수 통계는 다음과 같다.
(한국지방법원 25,800건, 일본지방재판소 19,608)
1심 계속 민사사건 수는 한국이 1.17배
인구 1명당의 계속수로 비교하면 3.1배
(한국인구 약4800만 명, 일본인구 약1억2700만 명)

2-4, 5, 6 三割司法(さんわり しほう)

분쟁의 해결을 사법기관에는 30%만 의지하고 주로 顔役(かおやく 그 지역, 또는 동료 중에서 얼굴이 잘 알려진 세력 있는 사람)이나 야쿠자ヤクザ에게 의지함.

3. 肩透かし·本音·建前

3-1 肩透(かた す)かし : 스모 경기에서 어깨를 스쳐 상대방을 넘어뜨리는 기법. 핵심이 되는 사항을 논하지 않고 주변의 것만 언급하여 해결하는 것으로 恵庭事件(えにわじけん)이 かたすかし판결로 유명.
육상자위대의 연습으로 젖소가 피해를 입었다하여 전기통신선을 절단한 낙농가가 기소된 사건으로 삿포로지재는 1967년 피고인 무죄판결을 선고했다. 본격적인 헌법 제9조 재판으로서 사법판단이 주목되었지만 자위대에 대한 합헌위헌의 언급은 하지 않고 '카타스카시(핵심회피) 판결'이라고 보도되었다.

3-2 本音(ほんね) : 본심, 실제운용.

3-3 建前(たてまえ) : 겉으로 드러내는 모습. 표면에 내세우는 방침

4. 大岡裁き·三方一両損

4-1. 大岡裁(おおおか さば)き

大岡忠相(おおおか ただすけ 1677~1752, 에도시대 다이묘) 봉록(만석 이상의 무사, 행정, 재판을 담당)의 공정하고 인정미 넘치는 재판은

大岡政談 등 후대에 많은 일화를 남겼는데 그의 판결을 大岡裁(おおおかさば)き라고 부른다. 그 중 유명한 「三方一両損」은 중국, 인도에도 전해지는 민담이라고 할 수 있다.

4-2. 三方(さんぽう) 一 両損(いちりょうそん)

三郎兵衛란 사람이 연말자금으로 三両의 돈을 빌려 오다가 도중에 잃어버리고 말았다. 마침 그 길을 지나가던 長十郎이 주웠는데 꾸러미 속 종이쪽지에 있는 이름을 수소문해서 간신히 주인을 찾아 돌려주려고 했더니, 서로 안 받겠다고 하면서 결국 싸움이 된다. 두 사람은 관청의 大岡를 찾아가 재판을 청했는데 해결책으로 자기돈 1両을 보태 4両으로 만든 다음 두 사람에게 2両씩 나누어 줬다. 三郎兵衛은 원래 3両이었는데 2량을 받았으니 1량을 손해 봤고, 3両을 주은 長十郎도 2량을 받았으니 모두 1両씩 손해 본 셈 치기로 했다.

* 1만석은 약 3억7,500만 엔, 1량은 약 6~10만 엔

5. 家賃·敷金·礼金·ゼロゼロ物件

5-1. 家賃(やちん): 임대 주택을 비롯한 부동산 임대의 임대차 계약에 따라 주택사용 대가로 지불하는 월세

5-2. 敷金(しききん): 가옥의 임차(賃借) 보증금으로 보통 한 달 집세의 1~2개월분을 선불로 낸다. 나중에 청소비, 시설보수비 등을 제외하고 다시 돌려주기로 되어있으나 돌려주지 않는 주인도 많다.

5-3. 礼金(れいきん): 大家(おおや 집주인)에게 사례표시로 주는 돈으로 보통 한 달 방세의 1~2개월분을 지불한다. 그야말로 사례금이기 때문에 돌려받을 수 없다.

5-4. ゼロゼロ物件(ぶっけん): 위 2,3을 안 받는 부동산임대를 말하며 박리다매업자의 난립, 폐단 등이 결국 세입자의 피해로 확산.

6. 村八分・シカト・いじめ 따돌림의 역사

6-1. 村八分(むらはちぶ) : 동네집단따돌림. 마을의 관습, 법도를 어긴 사람에 대하여 마을 사람 전체가 공동으로 하는 8가지(성인식, 결혼식, 출산, 간병, 신개축의 협력, 수해, 제사, 여행)는 도와주지 않고 왕래를 끊었으며 대신 2가지(장례식, 화재)만큼은 도와줬다고 함.

6-2. シカト 무시함

6-3. いじめ 왕따

7. 仇討・仕返し・忠臣蔵・切腹・心中・恩返し

7-1, 2. 仇討(あだ うち)・敵討(かたき う)ち・仕返(し かえ)し 복수

7-3. 忠臣蔵(ちゅうしんぐら)

겐로쿠(元祿) 아코(赤穂)사건은 소가(曾我)형제의 복수, 이가(伊賀)의 복수와 함께 「일본3대 복수」에 손꼽힌다. 이중 赤穗사건은 1701년에 벌어진 사건을 묘사한 카부키의 하나로, 정식 명칭은 '카나데혼 츄신구라'. 츄신구라는 지금도 일본에서 가장 사랑받는이야기이다. 그 이유는 조직에 대해 충성을 맹세하는 내용이 일본인의 정서와 잘 부합하기 때문이다.

7-4. 切腹(せっぷく)

(1) 할복자살(割腹自殺) = はらきり, 割腹(かっぷく)
(2) 에도시대에 무사에게 내린 사형의 일종

7-5. 心中(しんじゅう)

(1) 정사(情死)

(2) 두 사람 이상이 함께 죽음. 집단 자살

7-6. 恩返(おん がえ)し

(1) お祝(いわ)い返(かえ)し : 결혼에 한정하지 않고 축하금을 받았을 때 약 반액에 상당하는 답례품을 전달

(2) 香典(こうでん)返(がえ)し : 조의금에 대한 답례로 5천 엔 이하는 하지 않고 만 엔일 때 3천~5천 엔, 3만 엔이면 만 엔 정도의 답례품을 전달

(3) 引出物(ひきでもの) : 결혼식이나 七五三(しちごさん)등의 하객에게 전하는 선물

8. 済し崩し·返済 채무변제

8-1. 済(な)し崩(くず)し : 빚을 조금씩 갚아나가지만 흐지부지 넘어가는 것. 또는 허가받지 않은 공사를 관청의 눈치를 보면서 조금씩 공사(일)을 몰래 함.

8-2 返済(へんさい) : 빚을 갚음

9. 縁切寺·三行半·離活

9-1. 縁切寺(えんきりでら) : 江戸時代 이혼을 원하는 아내가 숨어 들어가 비구니로 수행하는 것으로 이혼을 성립시키기 위한 절

9-2. 三行半(みくだりはん) : 江戸時代 아내가 직접적으로 이혼을 신청하는 것이 불가능하여 남편의 이혼장(통칭 三行半)에 의해 이혼이 성립되었다. 이혼장이 세 줄 반으로 쓰인 경우가 많았기 때문

9-3. 離活(りかつ) = 離婚 + 活動
이혼을 대비하여 더 많은 위자료를 받기 위하여 활동하는 것

10. 自白·冤罪·再審

10-1. 自白(じはく) : 자백이란 범죄사실의 전부 또는 주요부분을 인정하는 진술을 말한다. 구성요건해당사실(예를 들어 고의의 살해)을 인

정하면서 범죄조각사유를 주장하는 경우(예를 들어 정당방위)도 자백이라 할 수 있다.

10-2. **冤罪(えんざい)**: 원죄. 무고한 죄.

10-3. **再審(さいしん)**: 확정된 판결에 대하여 일정요건을 갖춘 중대한 이유가 있는 경우에 재심리를 행함.

11. 世間しらず·鬼検事·三百代言

11-1. **世間知(せけん し)らず**: 세상 돌아가는 물정을 전혀 모름. 판사를 비난하는 말

11-2. **鬼検事(おに けんじ)**: 도깨비검사, 주로 특수부의 검사를 가리키지만 무리하게 자백을 받아내는 나쁜 이미지도 있다. 河井 信太郎(かわい のぶたろう1913~1982) 동경지검특수부에서 활동한 검사 여러 독직사건의 수사, 취조를 하면서 얻은 이름

11-3. **三百代言(さんびゃく だいげん)**: 메이지 초기의 무자격 변호사로 말도 안 되는 것을 억지로 변호하는 엉터리 변호사를 욕하는 말.

12. 揉(も)め事(ごと)·紛争(ふんそう)·諍(いさか)い·争(あらそ)い·喧嘩(けんか) 분쟁, 옥신각신, 싸움

13. 和(17条憲法)·和解·調停·仲裁·仲直り·取下·示談·ADR

13-1. **和(十七条憲法)**

(1) 和(わ)에 대하여

① 穏(おだ)やかな こと　　온화한 것
② 仲良(なかよ)く する こと　　사이좋게 하는 것
③ ほどよく 整(ととの)う こと　　알맞게 정돈하는 것

④ 調子(ちょうし)を 合(あ)わせる こと　　장단을 맞추는 것
⑤ 数個(すうこ)の 数(かず)を 加(くわ)えた 値(あたい)
여러 수를 더한 값어치
⑥ 日本(にほん) 일본
예 和式(わしき)·和風(わふう)·和食(わしょく)
大和(やまと)·和室(わしつ)·和服(わふく)

(2) 十七条憲法(じゅうしち じょう けんぽう)

일본서기에 604년 성덕태자가 헌법17조를 작성했다고 기술되어 있지만 성립시기와 작자에 대하여 의문점이 있고 근대적 의미의 헌법은 아니다. 관료와 귀족에 대한 도덕적인 규범을 나타낸 것으로 유교, 불교사상과 법가, 도교의 영향도 보인다. 그 중의 1조는 화(和)를 강조함.

以和爲貴： 和(やわ)らぎを 以(もっ)て 尊(とうと)しと 為(な)す
(和를 존귀한 것으로 여김)

[17조 헌법 원문]

一曰。以和為貴。無忤為宗。人皆有黨。亦少達者。是以或不順君父。
乍違于隣里。然上和下睦。諧於論事。則事理自通。何事不成。

二曰。篤敬三寶。三寶者仏法僧也。則四生之終帰。萬国之極宗。
何世何人非貴是法。人鮮尤悪。能教従之。其不帰三寶。何以直枉。

三曰。承詔必謹。君則天之。臣則地之。天覆地載。四時順行。万氣得通。
地欲覆天。則致壊耳。是以君言臣承。上行下靡。故承詔必慎。
不謹自敗。

四曰。群卿百寮。以礼為本。其治民之本。要在乎礼。上不礼而下非齊。
下無礼以必有罪。是以群臣有礼。位次不乱。百姓有礼。国家自治。

五曰。絶餮棄欲。明辯訴訟。其百姓之訴。一日千事。一日尚尓。
況乎累歳須治訟者。得利為常。見賄聽。便有財之訟如石投水。

乏者之訴似水投石。是以貧民則不知所由。臣道亦於焉闕。

六曰。懲悪勧善。古之良典。是以无匿人善。見悪必匡。其諂詐者。則為覆国家之利器。為絶人民之鋒劔。亦佞媚者対上則好説下過。逢下則誹謗上失。其如此人皆无忠於君。无仁於民。是大乱之本也。

七曰。人各有任掌。宜不濫。其賢哲任官。頌音則起。者有官。禍乱則繁。世少生知。尅念作聖。事無大少。得人必治。時無急緩。遇賢自寛。因此国家永久。社稷勿危。故古聖王。為官以求人。為人不求官。

八曰。群卿百寮。早朝晏退。公事靡。終日難盡。是以遅朝。不逮于急。早退必事不盡。

九曰。信是義本。毎事有信。其善悪成敗。要在于信。群臣共信。何事不成。群臣无信。万事悉敗。

十曰。絶忿棄瞋。不怒人違。人皆有心。心各有執。彼是則我非。我是則彼非。我必非聖。彼必非愚。共是凡夫耳。是非之理能可定。相共賢愚。如鐶无端。是以彼人雖瞋。還恐我失。我獨雖得。従衆同擧。

十一曰。明察功過。罰賞必當。日者賞不在功。罰不在罪。執事群卿。宜明賞罰。

十二曰。国司国造。勿斂百姓。国非二君。民無兩主。率土兆民。以王為主。所任官司。皆是王臣。何敢與公。賦斂百姓。

十三曰。諸任官者。同知職掌。或病或使。有闕於事。然得知之日。和如曾識。其非以與聞。勿防公務。

十四曰。群臣百寮無有嫉妬。我既嫉人人亦嫉我。嫉妬之患不知其極。所以智勝於己則不悦。才優於己則嫉妬。是以五百之後。乃今遇賢。千載以難待一聖。其不得賢聖。何以治国。

十五曰。背私向公。是臣之道矣。凡人有私必有恨。有憾必非同。非同則以私妨公。憾起則違制害法。故初章云。上下和諧。

其亦是情歟。

十六曰。使民以時。古之良典。故冬月有間。以可使民。従春至秋。
農桑之節。不可使民。其不農何食。不桑何服。

十七曰。夫事不可独断。必與衆宜論。少事是輕。不可必衆。唯逮論大事。
若疑有失。故與衆相辨。辞則得理。

[出典] 金治勇『聖徳太子のこころ』, 大蔵出版, 1986

13-2. 화해 관련 어휘

(1) 和解(わかい) 화해 = 仲直(なかなお)り 사이가 좋아짐

조정(調整)의 종류에는 알선あっせん·조정(調停)·중재(仲裁)가 있다.

(2) 斡旋(あっせん) 알선

서로 대립하는 당사자에게 합의(話合い)의 기회를 주고 제삼자가 상호분쟁을 종결(화해)로 이끄는 제도

(3) 調停(ちょうてい) 조정

당사자게에 조정안의 수락을 권고할 수 있는 점에서 알선과 다른 점이 있다.

(4) 仲裁(ちゅうさい) 중재

알선이나 조정과 달리 화해에 의한 해결이 아니고 제삼자에게 법원의 판결을 대신하여'중재재판'을 받는 제도. 화해가 성립하여 분쟁이 해결하는 경우도 자주 있음.

(5) 取下(とりさ)げ 취하

일단 제기한 소, 신청을 취소하거나 철회하는 것

(6) 示談(じだん) 합의

특히 민사상 분쟁을 재판에 의하지 않고 당사자 사이에 해결하는 것

13-3. ADR(Alternative Dispute Resolution) ; 재판 외 분쟁해결절차, 재판 외 분쟁해결절차 이용의 촉진에 관한 법률(2004년 공포, 2007년 4

월 1일 시행) 통칭 ADR촉진법, 재판외분쟁해결법이라고도 함.

[人物(じんぶつ)]

14. 伊藤博文·井上毅 메이지헌법 기초자

(1) 伊藤博文(いとう ひろぶみ 1841~1909)

일본제국헌법(1889년)의 기초를 마련한 초대수상. 일본근대화를 선도한 인물이지만 조선식민지화를 주도한 원흉으로 1909년 10월 26일에 중국 하얼빈역에서 안중근에게 저격당하여 죽음. 대한제국 통감부의 초대통감.

(2) 井上毅(いのうえ こわし 1844~1895)

헌법 초안을 만든 사람 중 한 명. 추밀고문관 · 문부상을 역임. 1871년 사법성에 들어가 법제관료의 길을 걸었고 1872년 프랑스 · 독일을 중심으로 법학을 배우고 법제조사에 종사. 귀국 후 伊藤博文의 참모가 되어 메이지헌법 제정 때는 독일법학자 뢰슬러 등의 조언을 받아 골격을 기초함

15. 江藤新平·箕作麟祥 일본근대법의 기초자

(1) 江藤新平(えとう しんぺい 1834~1874)

佐賀번의 무사, 메이지유신에 활약, 유신 후 초대 사법경. 사법제도, 경찰제도 등의 정비를 주도하고 정부요인이 관여한 의옥사건의 추궁에도 진력했지만 정한논쟁을 둘러싼 정쟁에 패하여 하야. 불평사족의 반란인 사가의 난으로 처형당함. 미츠쿠리 린쇼에게 오역도 상관없으니 속히 프랑스법전을 번역하라고 명한 것이 유명한 일화.

(2) 箕作麟祥(みつくり りんしょう 1846~1897)

메이지초기의 법학자. 프랑스유학을 거치고 원로원의관 등 역임. 나폴레옹법전의 全譯「불란서법률서」출간.

16. ボアソナード・穂積八束 민법논쟁

(1) ボアソナード(Boissonade 1825~1910)

프랑스의 법학자. 1873년부터 23년 동안 일본에 체재하면서 일본의 입법사업과 법학교육에 지대한 공헌을 하여 '일본근대법의 아버지'라 불림. 형법, 치죄법, 민법의 법전을 기초하여 형법(구형법), 치죄법(형사소송법)은 1882년 시행되었지만 민법전은 법전논쟁으로 시행되지 못함.

(2) 穂積八束(ほづみ やつか 1860~1912)

도쿄제국대학 법과대학장. 귀족원의원. 일본법률학교(현 일본대학)의 설립에 가담. 민법논쟁의 중심에 있던 자로 "민법이 나오면 충효가 망한다"는 논문이 보아소나드의 구민법전 시행을 연기하는 결정적 계기가 됨.

17. 川島武宜·野田良之 일본인의 법의식

(1) 川島武宜(かわしま たけよし 1909~1992)

「일본인의 법의식」(1967년 발행 이후 2006년 58쇄)의 저자. 서양과 일본인의 의식 속에 흐르는 '즈레(차이)'를 강조하고 있다. 일본인은 소송을 싫어하며 그 배경에는 권리의식, 계약관념 등이 결여되었다고 주장하였다.

> p.5 유럽의 법전을 모방하여 만든 메이지근대법전의 체계와 현실의 국민생활 사이에는 차이가 있다. (전통적인 사회질서와는 이질적인 내용을 가진 법률이 과연 어떻게 기능할 것인가?)
> p.15 전통적으로 일본인에게는'권리'의 관념이 결여되어 있다. p.30 유럽의 용어에는'법'과'권리'는 동일한 말(Recht, droit, dritto, derecho, npaBO 등)로 표현되어 왔다. p.31 일본의 지배적인 법의식과 현대법의 시스템 사이에 차이가 있다.

(2) 野田良之(のだ よしゆき 1912~1985)

1966년 프랑스에서 불어로 출판된「일본법입문」의 저자. 불어 droit 는 법과 권리를 다 의미하며 유럽 여러 나라에서 법과 권리를 나타내는 말은 동일하지만(라틴어 ius, 영어 right, 독일어 Recht, 불어 droit, 네덜란드어 regt, 모두 '正' '直' '法' '권리'를 뜻한다.)일본에서는'법'이나'법률'이라는 말은'권리'를 포함하지 않으며 단지 규칙의 총체를 나타낼 뿐이다. 일본인에게는 권리관념이 부족하다. 일반적으로 일본인은 '법은 국가가 그 의사를 국민에게 강제하기 위한 도구이며 법과 형벌을 같은 뜻'으로 파악한다. 일본인은 법을 싫어하고 가능한 한 거리를 두고 싶어 한다. 민사사건일지라도 법에 소를 제기하는 것은 선량한 시민에게는 '수치'이다. 이 '수치'의 관념은 일본문명을 지탱하는 요석이다. 노다씨의 견해는 당시 서양법학자의 일본법 이해에 상당히 영향을 미쳤다. 프랑스 비교법학자인 R. David도 이 의견을 받아들여 '법(droit) 관념이 결여되어 있는 것'이 일본법문화의 특질이라고 논함.

18~20. **穂積陳重·富井政章·梅 謙次郎** 민법기초위원 3인

18. **穂積陳重**(ほづみ のぶしげ 1856~1926)

일본최초의 법학박사(미쯔꾸리 린쇼 들과 함께) 영국, 독일유학을 거쳐 도쿄대법대교수, 英吉利법률학교(현 중앙대학)의 창시자

19. **富井政章**(とみい まさあきら 1858~1935)

법학박사, 제국대학법과대학(현 도쿄대)교수, 和仏법률학교(현 법정대)교장, 교토법정학교(현 리쯔메이깐대) 초대교장, 立命館大学初代学長. 민법기초위원, 일본의 독일법학도입의 선구자, 민법논쟁에서는 穂積陳重, 穂積八束 등과 함께 연기파. 단행파인 梅 謙次郎과 대립

20. **梅 謙次郎**(うめ けんじろう 1860~1910)

일본민법전의 아버지, 제국대학 법과대학교수, 법과대학장, 내각법제국장관, 문부성총무장관 등을 역임. 법전조사회민법기초위원, 상법기초위원, 和仏법률학교학감, 교장, 법정대학 초대 총리. 이또히로부미의 요청으로 한국에 와서 법의 기초를 닦음. 도쿄외국어대학 불어과를 수석으로 졸업 후 사법성학교에서 프랑스법을 배웠고 문부성의 국비유학생으로 프랑스유학, 박사취득.

쉬어가는 코너

일본인 성(姓)

鳩山(はとやま) ＊ 鳩(はと) 비둘기, 山(やま) 산

細川(ほそかわ) ＊ 細(ほそ)い 가늘다, 川(かわ) 강

山中(やまなか)・山下(やました)・山田(やまだ)・山本(やまもと)

＊ 山(やま) 산, 中(なか) 가운데, 下(した) 아래, 田(た) 밭

大橋(おおはし)・橋本(はしもと) ＊ 大(おお)きい 크다 橋(はし) 다리

広井(ひろい) ＊ 広(ひろ)い 넓다

長井(ながい)・永井(ながい)・長野(ながの)・長沢(ながさわ)

＊ 長(なが)い 길다

林(はやし)・小林(こばやし)・大林(おおばやし) ＊ 林(はやし) 수풀

早川(はやかわ) ＊ 早(はや)い 빠르다

鈴木(すずき) ＊ 鈴(すず) 방울, 木(き) 나무

古川(ふるかわ)・古井(ふるい) ＊ 古(ふる)い 오래되다

村川(むらかわ) 수도국장 田中(たなか) 세계 제일의 낚시꾼

中村(なかむら) 졸도의 달인 小関(こせき)・井関(いせき) 황당

豊田(とよた)・本田(ほんだ)・鈴木(すずき)

水野(みずの)・本間(ほんま)

東芝(とうしば)・松下(まつした)・三洋(さんよう)

委任契約書

依頼者○○(以下依頼者といいます)と受任者である弁護士○○(以下受任者といいます)とは、以下のとおり法律事務の委任契約を交わします。

第1条

依頼者は、受任者に対し、下記記載の案件を、下記の条件にて委任し、受任者は下記の条件にて受任いたします。

ご依頼案件	の件
受任の範囲	
手 数 料	円
着 手 金	円
報 酬 金	円
日 当	1日　　円　／　なし
交 通 費	実費相当　／　なし

第2条

受任者は、依頼者に対し、前条に記載の案件を、誠実に遂行し、終結の時点においては、依頼者の了解を得て終結の処理を行うものとします。

第3条

委任契約に基づく事件等の処理が、依頼者からの解任、受任者の辞任または委任事務の継続不能により、中途で終了したときは、委任事務処理の程度に応じて、受領済みの弁護士報酬の全部若しくは一部を返還し、または弁護士報酬の全部若しくは一部を請求させていただきます。

第４条

委任契約の終了につき、受任者に責任がないにもかかわらず、依頼者が受任者の同意なく委任事務を終了させたとき、故意または重大な過失により委任事務処理を不能にしたとき、その他依頼者に重大な責任があるときは、受任者は、弁護士報酬の全部を請求させていただきます。

第５条

依頼者が、着手金、手数料または委任事務処理に要する実費等の支払いをされないときは、受任者は、事件等に着手せずまたはその処理を中止させていただきます。

以上のとおり委任契約の成立したことを証するため、本書２通を作成し、依頼者、受任者それぞれ署名捺印のうえ各１通ずつを保有します。

平成　　年　　月　　日

依頼者（住 所）（氏 名）
受任者（住 所）（氏 名）　弁護士

일본법규의 분류 50)

부문 (대분류)	편 (중분류)	구체적 법률명 · 조약명
공 법	헌 법	일본국헌법, 皇室典範, 국적법
	국회, 선거법	국회법, 공직선거법, 정당조성법, 정치자금규정법
	재 판 법	재판소법, 변호사법, 사법시험법
	국가행정조직법	내각법, 국가행정조직법, 행정기관이 하는 정책평가에 관한 법률, 독립행정법인통칙법, 국가공무원법
	지 방 자 치 법	지방자치법, 지방재정법, 지방공무원법
	행 정 통 칙 법	행정절차법, 행정대집행법, 행정불복심사법, 행정사건소송법, 국가배상법, 행정기관이 보유하는 정보공개에 관한 법률
	재 정, 조 세 법	재정법,회계법,국유재산법, 국세통칙법, 국세징수법, 국세범칙단속법, 소득세법, 법인세법, 소비세법, 지방세법
	경 찰, 방 위 법	경찰관직무집행법, 스토커행위 등의 규제 등에 관한 법률, 총포도검류 소지단속법, 도로교통법, 풍속영업 등의 규제 및 업무적정화 등에 관한 법률, 출입국 관리 및 난민 인정법, 자위대법
	국 토 정 비 법	토지기본법, 하천법, 수도법, 도로법, 토지수용법, 도시계획법, 건축기준법, 토지구획정리법
	환 경 법	환경기준법, 환경영향평가법, 대기오염방지법, 수질오탁방지법, 용기포장에 관련된 분류수집 및 재상품화의 촉진 등에 관한 법률
	교 육 · 문 화 법	교육기준법, 학교교육법, 종교법인법, 문화재보호법
민사법	민 법	민법, 이자제한법, 차지차가법, 제조물책임법, 자동차손해배상보장법, 호적법, 임의후견계약에 관한 법률

50) 松本恒雄 外 篇, 『日本法への招待 第二版』, 有斐閣(2006) p.13 발췌번역.

부문 (대분류)	편 (중분류)	구체적 법률명 · 조약명
민사법	상 법	상법, 주식회사 감사 등에 관한 상법의 특례에 관한민사법 법률, 유한회사법,어음법, 수표법
	민 사 소 송 법	민사소송법, 인사소송법, 비송사건절차법, 가사심판법, 민사집행법, 민사보전법, 파산법, 민사재생법, 회사갱생법
	국 제 사 법	국제사법 법례, 유언 방식의 준거법에 관한 법률
형사법	형 법	형법, 부정접근행위 금지 등에 관한 법률, Sarin 등에 의한 인신피해의 방지에 관한 법률, 매춘방지법, 경범죄법
	형 사 소 송 법	형사소송법, 범죄수사를 위한 통신수신에 관한 법률, 소년법
	교 정 보 호 법	감옥법, 소년원법, 범죄자예방갱정법, 특사법
사회법	노 동 법	노동기준법, 고용분야의 남녀균등기회 및 대우의 확보 등에 관한 법률, 노동조합법, 노동관계조정법, 직업안정법
	사 회 보 장 · 후 생 법	국민연금법, 후생연금보험법, 건강보험법, 국민건강보험법, 간호보험법, 생활보호법, 아동복지법, 모체보호법, 장기이식에 관한 법률, 인간에 관한 세포기술 등 규제에 관한 법률
산업법	경 제 법	사적독점 금지 및 공정거래확보에 관한 법률, 부정경쟁방지법, 소비자계약법, 할부판매법
	사 업 관 련 성	은행법, 보험업법, 증권거래법, 외국환 및 외국무역법, 맨션관리의 적정화 추진에 관한 법률, 농지법, 어업법, 광업법, 원자력기본법, 철도사업법, 선박법, 항공법, 우편법, 전파법
	지 적 재 산 법	특허법, 실용신안법, 의장법, 상표법, 저작권법
조 약		UN헌장, 아동권리에 관한 조약, 문학적 및 미술적 저작물보호에 관한 Berne조약, 해양법에 관한 UN조약

祝日(しゅくじつ) 공휴일

1月 1日	설날	元日(がんじつ)
1月 第2 月曜日	성인의 날	成人(せいじん)の日(ひ)
2月 11日	건국기념일	建国記念日(けんこくきねんび)
3月 21日	춘분	春分(しゅんぶん)の日
4月 29日	昭和의 날	昭和(しょうわ)の日[51)]
5月 3日	헌법기념일	憲法記念日(けんぽうきねんび)
5月 4日	녹색일	緑(みどり)の日[52)]
5月 5日	어린이날	子供(こども)の日
7月 第3 月曜日	바다의 날	海(うみ)の日
9月 第3 月曜日	경로의 날	敬老(けいろう)の日
9月 23日	추분	秋分(しゅうぶん)の日
10月 第2 月曜日	체육일	体育(たいいく)の日
11月 3日	문화일	文化(ぶんか)の日[53)]
11月 23日	근로감사일	労働感謝(ろうどうかんしゃ)の日
12月 23日	천왕생일	天皇誕生日(てんのうたんじょうび)

51) 昭和(しょうわ) 천왕생일.
52) 振替(ふりか)え休日(きゅうじつ)
전일 또는 다음날이 공휴일 되는 날은 쉰다.
53) 明治(めいじ) 천왕생일.

東京都의 23 区(く)·26市(し)·5町(まち)·8村(むら)

23区(く) 足立(あだち) 荒川(あらかわ) 板橋(いたばし)
江戸川(えどがわく) 大田(おおた) 葛飾(かつしか)
北(きた) 江東(こうとう) 品川(しながわ) 渋谷(しぶや)
新宿(しんじゅく) 杉並(すぎなみ) 墨田(すみだ)
世田谷(せたがや) 台東(たいとう) 中央(ちゅうおう)
千代田(ちよだ) 豊島(としま) 中野(なかの) 港(みなと)
練馬(ねりま) 文京(ぶんきょう) 目黒(めぐろ)

26市(し) 八王子(はちおうじ) 立川(たちかわ) 武蔵野(むさしの)
三鷹(みたか) 青梅(おうめ) 府中(ふちゅう)
昭島(あきしま) 調布(ちょうふ) 町田(まちだ)
小金井(こがねい) 小平(こだいら) 日野(ひの)
東村山(ひがしむらやま) 国分寺(こくぶんじ) 国立(くにたち)
福生(ふっさ) 狛江(こまえ) 東大和(ひがしやまと)
清瀬(きよせ) 東久留米(ひがしくるめ) 多摩(たま)
稲城(いなぎ) 羽村(はむら) あきる野(あきるの)
武蔵村山(むさしむらやま) 西東京(にしとうきょう)

5町(まち) 瑞穂(みずほ) 日の出(ひので) 奥多摩(おくたま)
大島(おおしま) 八丈(はちじょう)

8村(むら) 檜原(ひのはら) 利島(としま) 新島(にいじま)
神津島(こうづしま) 三宅村(みやけ) 御蔵島(みくらじま)
青ケ島(あおがしま) 小笠原(おがさわら)

주요 어휘

[주요 い형용사]

맛 : おいしい 맛있다

おいしいパン 맛있는 빵　　おいしく食(た)べる 맛있게 먹다

まずい 맛없다　　甘(あま)い 달다　　しょっぱい 짜다

酸(す)っぱい 시다　　辛(から)い 맵다　　苦(にが)い 쓰다

cf) 甘(あま)える 응석부리다　　甘(あま)やかす 응석을 받아주다

감정 : 嬉(うれ)しい 기쁘다　　悲(かな)しい 슬프다

楽(たの)しい 즐겁다　　寂(さび)しい 외롭다

辛(つら)い ＝ 苦(くる)しい 괴롭다　　厳(きび)しい 엄하다

怖(こわ)い ＝ 恐(おそ)ろしい 무섭다

激(はげ)しい 격하다　　著(いちじる)しい 현저하다

색깔 : 青(あお)い 파랗다　　赤(あか)い 빨갛다

白(しろ)い 하얗다　　黒(くろ)い 검다

날씨 : 暑(あつ)い 덥다　　寒(さむ)い 춥다

暖(あたた)かい 따뜻하다　　涼(すず)しい 시원하다

기타 : 大(おお)きい 크다　* おおきさ 크기　　小(ちい)さい 작다

広(ひろ)い 넓다　* ひろさ 넓이　　狭(せま)い 좁다

深(ふか)い 깊다　* ふかさ·ふかみ[54] 깊이　　浅(あさ)い 얕다

重(おも)い 무겁다　* おもさ·おもみ 무게　　軽(かる)い 가볍다

長(なが)い 길다　* ながさ 길이　　短(みじか)い 짧다

---

54) 형용사 어간 ＋ さ, 형용사 어간 ＋ み 둘 다 명사를 만든다.

早(はや)い・速(はや)い 빠르다　遅(おそ)い 느리다
遠(とお)い 멀다　近(ちか)い 가깝다
高(たか)い 비싸다, 높다　安(やす)い 싸다　低(ひく)い 낮다
背(せ)が高(たか)い 키가 크다 ↔ 背(せ)が低(ひく)い 키가 작다
多(おお)い 많다　少(すく)ない 적다
望(のぞ)ましい = 好(この)ましい 바람직하다
難(むずか)しい 어렵다　易(やさ)しい 쉽다
優(やさ)しい 상냥하다　忙(いそが)しい 바쁘다
ふさわしい 어울리다　正(ただ)しい 바르다
ひどい 심하다　きつい 꼭 끼다, 심하다
足(た)りない 부족하다　等(ひと)しい 동등하다

[주요 な형용사]

きれいだ 예쁘다, 깨끗하다 → きれいな ひと 예쁜 사람
きれいに 예쁘게, 깨끗하게

真面目(まじめ)だ 성실하다　穏(おだ)やかだ 온화하다
好(す)きだ 좋아하다 ↔ 嫌(きら)いだ 싫어하다
便利(べんり)だ 편리하다 ↔ 不便(ふべん)だ 불편하다
上手(じょうず)だ 잘하다 ↔ 下手(へた)だ 서투르다
得意(とくい)だ 자신 있다 ↔ 苦手(にがて)だ 잘하지 못하다
静(しず)かだ 조용하다 ↔ 賑(にぎ)やかだ 번화(번잡)하다
派手(はで)だ 화려하다 ↔ 地味(じみ)だ 수수하다
立派(りっぱ)だ 훌륭하다　幸(しあわ)せだ 행복하다
有名(ゆうめい)だ 유명하다　不思議(ふしぎ)だ 이상하다, 신기하다
大事(だいじ)だ 소중하다 = 大切(たいせつ)だ 중요하다

元気(げんき)だ 건강하다　　大変(たいへん)だ 큰일이다, 힘들다
明(あき)らかだ 명백하다　　確(たし)かだ 확실하다
新(あら)ただ 새롭다　　速(すみ)やかだ 신속하다
緩(ゆる)やかだ 원만(완화)하다, 느슨하다　かわいそうだ 불쌍하다
豊(ゆた)かだ 풍부하다 盛(さか)んだ 성행하다
貧乏(びんぼう)だ 가난하다　↔　お金持(かねも)ち N 부자

＊ 연 체 사

主(おも)な 주된　　おもに 주로
大(おお)きな 큰　↔　小(ちい)さな 작은
単(たん)なる 단순한　　単(たん)に 단지
いかなる 어떠한　　いかに 어떻게

[주요 조동사]

● べし 해야 한다, 할 수 있다 (V1, V2 기본형, する는 す에 접속)

べき + N (뒤에 오는 명사는 생략할 때가 많다)

예 注目(ちゅうもく)すべきだ 주목할 만하다

예 犯罪(はんざい)と どのように 向(む)き合(あ)って いく べきか
범죄와 어떻게 대처해 가야할까

べく + V 하도록

예 注意(ちゅうい)すべく 気(き)を つける 주의하도록 조심하다

べからず 마땅히 하지 말아야 한다

예 初心(しょしん) 忘(わす)る + べからず 초심을 잃지 말아야 한다
＊ 현대어 忘(わす)れる 잊다, 잃다

● 如(ごと)し ~와 같다 (Nのごとし)

ごとき + N : ~와 같은

예 原判決(げんはんけつ)のごとき判示(はんじ) 원 판결과 같은 판시

ごとく + V : ~와 같이

예 下記(かき)のごとく判断(はんだん)する 아래와 같이 판단한다

● ようだ ~와 같다 (Nの・ANな・A기・V기에 접속)

ような + N : ~와 같은

예 刑事(けいじ)の ような 言(い)い方(かた) 형사와 같은 말투

ように + V : ~와 같이, ~처럼, ~도록 (に를 생략할 때도 있다)

예 弁護士(べんごし)の ように 言(い)う 변호사처럼 말한다

예 遅(おく)れない ように 急(いそ)ぐ 늦지 않도록 서두르다

[주요동사의 종류]

V1 (u단 활용 동사, ①) 〈p.51〉
어미가 u단이며 a i u e o 다섯 단으로 바뀌면서 활용한다.

V2 (iru・eru동사, ②) 〈p.51〉
어미가 iru 또는 eru이며 대체로 ru가 탈락하면서 활용한다.

V3 (サ변격, カ변격동사, ③) 〈p.52〉
어간, 어미의 구분이 없다.

● V1 う로 끝나는 동사

* ~に 会(あ)う・合(あ)う・遭(あ)う ~를 만나다, 맞다, 당하다

買(か)う 사다 ↔ 売(う)る 팔다 *cf)* 飼(か)う 기르다

~に 向(む)かう 향하다

使(つか)う	사용하다	= ② 用(もち)いる
扱(あつか)う	다루다	取(と)り扱(あつか)う 취급하다
培(つちか)う	배양하다	
~と 言(い)う	~라고 말하다	
疑(うたが)う	의심하다	
奪(うば)う	빼앗다	
失(うしな)う	잃다	
行(おこな)う	행하다	*cf)* 行(い)く 가다
負(お)う	(책임)지다	*cf)* 負(ま)ける 패하다, 지다
追(お)う	쫓다	~に おわれる ~에 쫓기다
思(おも)う	생각하다	= ② 考(かんが)える
吸(す)う	피우다, (공기)마시다	
誘(さそ)う	권하다	
従(したが)う	좇다	したがって 따라서
沿(そ)う	따르다	~に そって ~에 따라
争(あらそ)う	다투다	
叶(かな)う	이루다	適(かな)う
違(ちが)う	다르다	
間違(まちが)う vi	틀리다	② 間違(まちが)える vt
誓(ちか)う	맹세하다	
願(ねが)う	부탁하다	
問(と)う	묻다	* ~罪に とわれる ~죄로 기소되다
習(なら)う	배우다	倣(なら)う 모방하다, 따르다 学(まな)ぶ
笑(わら)う	웃다 ↔	泣(な)く 울다
煩(わずら)う	번민하다	煩(わずら)わしい 번거롭다

払(はら)う 지불하다 支払(しはら)う 지급하다, (돈) 치르다
もらう 받다 ↔ ② あげる주다
惑(まど)う 당황하다 = 戸惑(とまど)う
酔(よ)う 취하다 = 酔(よ)っぱらう
~に 迷(まよ)う (길을) 잃다, 헤매다
さまよう 방황하다
しまう 넣다 おしまい 끝남
　~て しまう ~해 버리다
損(そこ)なう 손상하다
戦(たたか)う 다투다
償(つぐな)う 보상하다
整(ととの)う vi 정돈되다 整(ととの)える vt 정돈하다
伴(ともな)う 수반하다, 따르다

● V1 く로 끝나는 동사

行(い)く = ゆく 가다
　~て いく = ~て くる (점점) ~해가다, 해오다
置(お)く 놓다, 두다
　~て おく 해 두다
書(か)く 쓰다 欠(か)く 결하다
聞(き)く 묻다, 듣다
咲(さ)く 피다 裂(さ)く 찢다 割(さ)く 쪼개다
敷(し)く 깔다
炊(た)く (밥) 짓다 焼(や)く 굽다
つく 붙다, 관하다 嘘(うそ)を つく 거짓말하다
　~に つき(~に ついて) ~에 관하여

着(つ)く 도착하다 ↔ 発(た)つ 출발하다
落(お)ち着(つ)く 안정되다
泣(な)く 울다
抜(ぬ)く 뽑다 抜(ぬ)ける vi 빠지다
吐(は)く 토하다 掃(は)く 청소하다
穿(は)く (치마, 바지) 입다 履(は)く (신발) 신다
引(ひ)く 끌다 引き上(あ)げる 인상하다 ↔ 引き下(さ)げる 인하하다
吹(ふ)く 불다
巻(ま)く 감다, 싸다 蒔(ま)く (씨앗) 뿌리다
向(む)く 향하다
歩(ある)く 걷다 = 歩(あゆ)む
動(うご)く 움직이다
裁(さば)く 마름질, 재판하다
続(つづ)く vi 계속되다 続(つづ)ける vt 계속하다
除(のぞ)く 제하다
驚(おどろ)く 놀라다
頂(いただ)く 받다(겸양어) ＊ ~て いただく 해 받다
働(はたら)く 일하다, 작용하다
基(もと)づく 기초하다

● V1 ぐ로 끝나는 동사

急(いそ)ぐ 서두르다
泳(およ)ぐ 헤엄치다
繋(つな)ぐ 이어지다 繋(つな)げる vt 잇다, 연결하다

● V1 す로 끝나는 동사

貸(か)す 빌려주다 ↔ ② 借(か)りる 빌리다

消(け)す 지우다 取(と)り消(け)す 취소하다
指(さ)す 가리키다 ・差(さ)す・刺(さ)す
＊ 差(さ)し戻(もど)す 반려하다
出(だ)す vt 내보내다 ↔ ② 入(い)れる 넣다
② 出(で)る vi 나가다 ↔ ① 入(はい)る 들어가다
下(くだ)す (판단을) 내리다 ＊ 下(くだ)さい 주세요
なす 하다 する = おこなう
＊ 되다 なされる = される = おこなわれる
こなす 소화하다
犯(おか)す 범하다 侵(おか)す 冒(おか)す
暮(くら)す 생활하다
示(しめ)す 나타내다
過(す)ごす 지내다 ② 過(す)ぎる vi 지나다
戻(もど)す vt 돌려주다, 되돌리다 戻(もど)る vi 돌아가다
騙(だま)す 속이다 だまされる 속다
照(てら)す 비추다
とざす 닫다, 막다
見(み)なす 간주하다
申(もう)す 말씀드리다 = 申(もう)し上(あ)げる
申し込(こ)む・申し立(た)てる・申し出(で)る・申し入(い)れる 신청하다
許(ゆる)す 허락하다
及(およ)ぼす vt (영향) 미치다 及(およ)ぶ vi
促(うながす)す 촉구하다
もたらす 초래하다 きたす = 招(まね)く
繰(く)り返(かえ)す 반복하다
＊ 繰(く)り広(ひろ)げる vt 繰り広げられる vi 반복되다
催(もよお)す 주최하다

● V1 つ로 끝나는 동사

打(う)つ 치다 打(う)ち消(け)す 중단하다
勝(か)つ 이기다 ↔ ② 負(ま)ける
立(た)つ 서다 ↔ 座(すわ)る 앉다 成(な)り立(た)つ 성립하다
育(そだ)つ 크다 育(そだ)てる vt 기르다, 키우다
待(ま)つ 기다리다
持(も)つ 갖다
保(たも)つ 유지하다

● V1 ぬ로 끝나는 동사

死(し)ぬ 죽다 亡(な)くなる ↔ ② 生(い)きる

● V1 ぶ로 끝나는 동사

飛(と)ぶ 날다
呼(よ)ぶ 부르다
浮(う)かぶ vi 뜨다 浮(う)かべる vt 띄우다
及(およ)ぶ vi 미치다 及(およ)ぼす vt ＊ 及(およ)び 및
遊(あそ)ぶ 놀다
並(なら)ぶ vi 줄서다 並(なら)べる vt 진열하다
学(まな)ぶ 배우다 習(なら)う ↔ ② 教(おし)える
結(むす)ぶ 맺다 結(むす)び付(つ)く 맺어지다, 결부되다

● V1 む로 끝나는 동사

編(あ)む 뜨다 編(あ)み出(だ)す 짜내다
産(う)む 낳다 ② 生(う)まれる 태어나다
噛(か)む 씹다
込(こ)む 붐비다 V＋こむ (강조)

済(す)む　마치다　済(す)ませる vt　＊終(お)わる しまう
住(す)む　살다　＊生(い)きる
進(すす)む vi 나가다
② 進(すす)める　勧(すす)める　薦(すす)める vt
飲(の)む　마시다
望(のぞ)む　바라다　臨(のぞ)む
積(つ)む vt　쌓다　積(つ)もる vi
読(よ)む　읽다
止(や)む　그치다　② 止(や)める vt 그만두다
休(やす)む　쉬다
踏(ふ)む　밟다　踏(ふ)み込(こ)む 파고들다
cf) 踏(ふ)まえる 밟고 서다　～を ふまえて ～를 토대로
頼(たの)む　부탁하다　願(ねが)う 바라다, 기원하다
包(つつ)む　싸다
育(はぐく)む　자라다　*cf)* 育(そだ)つ

● V1　る로 끝나는 동사
ある (물건) 있다　＊～て ある ～어 있다
cf) ② いる (사람) 있다
売(う)る　팔다 ↔ 買(か)う
折(お)る　접다
おる　있다(겸양어), (文) ～て おらず ～지 않고
去(さ)る　지나가다　立(た)ち去(さ)る 떠나다
刷(す)る・摺(す)る・摩(す)る　＊すり
釣(つ)る　낚다　吊(つ)る
取(と)る　취하다
取消(とりけ)し 취소　取下(とりさ)げ 취하　取引(とりひ)き 거래

成(な)る　　되다　　なりうる 될 수 있다 ↔ なりえない

鳴(な)る　　울리다

異(こと)なる 다르다

塗(ぬ)る　　바르다

~に 乗(の)る 타다　　② 乗(の)せる vt 載(の)せる

貼(は)る　　붙이다　　張(は)る

降(ふ)る　　(눈, 비) 내리다 ↔ 止(や)む

減(へ)る vi 줄다 ↔ ② 増(ふ)える 늘다 減(へ)らす vt↔ 減(へ)らす

掘(ほ)る　　파다

因(よ)る・依(よ)る・拠(よ)る・由(よ)る ＊ ~に よる ~에 의하다

当(あ)たる vi 해당하다　　② 当(あ)てる vt

＊ あてはまる・あてはめる ＊ あてはめ 적용

＊ ~に あたらない ~에 해당하지 않다

~と(に) なる ~로 되다

移(うつ)る vi 옮기다　　移(うつ)す vt

頼(たよ)る　　의지하다　　頼(たの)む 부탁하다

送(おく)る　　보내다　　贈(おく)る

香(かお)る　　향기나다　　香(かお)り N 향기

掛(かか)る vi 걸리다　　② かける vt

変(か)わる vi 바뀌다　　② 変(か)える vt

分(わ)かる　　알다　　判(わか)る = 解(わか)る

＊ ② 分(わ)ける 나누다　　分(わ)けられる 나뉘다

決(き)まる vi 정해지다　　② 決(き)める vt

困(こま)る　　곤란하다

探(さぐ)る　　찾다　　探(さが)す vt

溜(た)まる　　쌓이다

黙(だま)る　입 다물다
作(つく)る　만들다
通(とお)る　지나가다　通(とお)す vt
　~の とおりである ~와 같다
図(はか)る　도모하다
嵌(はま)る　~에 빠지다(몰두)
　＊ あてはまる 적용되다・あてはめる 적용하다　＊ あてはめ 적용
終(お)わる vi ↔ 始(はじ)まる　② 終(お)える ↔ 始(はじ)める vt
守(まも)る　지키다 ↔ 破(やぶ)る
巡(めぐ)る　둘러싸다
めくる　(책을) 넘기다
潜(もぐ)る　잠입하다
戻(もど)る vi　돌아오다　戻(もど)す vt
悖(もと)る　어긋나다
止(と)まる　멈추다　② 止(と)める vt
　＊ ~に とどまる ~에 그치다
泊(とま)る vi　숙박하다　泊(と)める vt
残(のこ)る　남다　残(のこ)す vt
係(かか)る　상관하다　係(かか)わる　関(かか)わる　拘(かか)わる
　~に かかわらず ~에 상관없다
　~にも かかわらず ~에도 불구하고
譲(ゆず)る　양보하다
被(こうむ)る　(손해를) 입다
断(ことわ)る　거절하다, (양해를) 구하다
集(あつ)まる vi 모이다　集(あつ)める vt

※ iru, eru로 끝나는 예외동사 ①동사

要(い)る 필요하다 入(い)る・入(はい)る 들어가다
知(し)る 알다 走(はし)る 달리다
切(き)る 자르다, 끊다 限(かぎ)る 한하다
減(へ)る 줄다 帰(かえ)る 돌아가다
蹴(け)る (발로) 차다 陥(おちい)る 빠지다

● V2

いる 있다 ＊ ~て いる ~고 있다 = て おる
得(え)る 얻다 V+うる 할 수 있다 V+えない 할 수 없다
着(き)る 입다
起(お)きる 일어나다 ↔ 寝(ね)る
降(お)りる 내리다 ↔ 乗(の)る
落(お)ちる vi 떨어지다 ① 落(お)とす vt ① 陥(おちい)る 빠지다
出(で)る 나가다 出(で)かける
出来(でき)る 할 수 있다, 생기다
過(す)ぎる vi 지나다 過(す)ごす vt 지내다
~に 似(に)る ~를 닮다

A/V + すぎる 너무 ~하다
重(おも)すぎる 너무 무겁다
やりすぎる 지나치다
~に すぎない ~에 지나지 않다
見(み)る 보다 見(み)える vi 보이다 見(み)せる vt
見(み)つける vt 찾다 ① 見(み)つかる vi
認(みと)める 인정하다
開(あ)ける 열다 ↔ 閉(し)める

挙(あ)げる 들다, 거론하다
上(あ)げる 올리다 ↔ 下(さ)げる 내리다
忘(わす)れる 잊다
足(た)りる 족하다 ↔ 足(た)りない
食(た)べる 먹다 = ① 食(く)う
慣(な)れる 익숙해지다
離(はな)れる 떨어지다
外(はず)れる 빗나가다
届(とど)ける 보내다 届(とど)け 신고
占(し)める 차지하다
受(う)ける 받다 ↔ 与(あた)える 부여하다, 주다
逃(に)げる 도망치다 逃(のが)す 놓치다
述(の)べる 말하다 보다
分(わ)ける 나누다
訴(うった)える 호소하다 訴(うった)え 소
覚(おぼ)える 외우다 ↔ 忘(わす)れる 잊다
遅(おく)れる 늦다
加(くわ)える vt 추가하다 ① 加(くわ)わる vi
答(こた)える 대답하다
定(さだ)める vt 정하다 定(さだ)まる vi
求(もと)める 구하다
掲(かか)げる 언급하다 = 触(ふ)れる
重(かさ)ねる 겹치다 重(かさ)ねて 거듭
極(きわ)める 더없이 ~하다 極(きわ)めて 극히
勤(つと)める 근무하다
努(つと)める 힘쓰다 務(つと)める 임무를 맡다

捉(とら)える　파악하다, 해석하다
並(なら)べる　나열하다
委(ゆだ)ねる　맡기다　任(まか)せる
改(あらた)める　고치다　改(あらた)めて 다시, 새삼
免(まぬか)れる　모면하다
妨(さまた)げる　방해하다
信(しん)じる　믿다
応(おう)じる　응하다
論(ろん)じる　논하다 = 論(ろん)ずる
命(めい)じる　명하다 = 命(めい)ずる
生(しょう)じる　생기다 = 生(しょう)ずる

● V3

する 하다 = なす・おこなう
すべき　해야 함, 할 만하다
する 하다 した 했다 しない 하지 않다 しなかった 하지 않았다
される 되다　された 되었다
されない 되지 않다　されなかった 되지 않았다

来(く)る　오다
くるべき　와야 함, 올 만하다
くる 오다　きた 왔다 こない 오지 않다 こなかった 오지 않았다
こられる (남이) 오다(수동태), 오시다(존경)
こられた (남이) 왔다, 오셨다
こられない　오시지 않다　こられなかった 오시지 않았다
もってくる　가져오다
やってくる　오다

与(くみ)する　　　편들다, 가담하다
　くみしやすい　　상대하기 쉽다, 다루기 쉽다
全(まっとう)うする　　완수하다, 다하다
　任務(にんむ)を 全(まっと)うする　　임무를 다하다
　天寿(てんじゅ)を 全(まっと)うする　　천수를 누리다

[한자 1음절+す・する] 현재는 す・する 양쪽 모두 쓰고 있음

解(かい)す　　해석하다 = 解(かい)する
介(かい)す　　매개로 하다
期(き)す　　기하다
有(ゆう)す　　있다, 가지다
資(し)する　　이바지하다, 도모하다
　司法(しほう)の 発展(はってん)に 資(し)する 사법발전에 이바지하다
科(か)す　　과하다
課(か)す　　부과하다
期(き)す　　기대하다
害(がい)す　　침해를 주다
失(しっ)する　　너무 ~하다　遅(おそ)きに失(しっ)する 너무 늦다
即(そく)する　　입각하다
対(たい)する　　대하다
反(はん)する　　반하다

[한자 1음절＋ずる・じる]

信(しん)じる　　믿다
転(てん)じる　　바뀌다
講(こう)じる・講(こう)ずる　　강구, 강의하다
禁(きん)じる・禁(きん)ずる　　금하다

論(ろん)じる・論(ろん)ずる	논하다
断(だん)じる・断(だん)ずる	단정하다, 판단하다
cf) 断(だん)じて	결코, 단호히
変(へん)ずる・変(へん)じる	변하다
命(めい)じる・命(めい)ずる	명하다
報(ほう)じる・報(ほう)ずる	보도, 보답하다
生(しょう)じる・生(しょう)ずる	생기다
応(おう)じる・応(おう)ずる	응하다
任(にん)じる・任(にん)ずる	임하다
存(ぞん)じる・存(ぞん)ずる	알다, 생각하다
通(つう)じる・通(つう)ずる	통하다
投(とう)じる・投(とう)ずる	던지다
感(かん)じる・感(かん)ずる	느끼다

[경어동사]

ござる	이다	→	ございます	입니다
なさる	하시다	→	なさいます	하십니다
下(くだ)さる	주시다	→	くださいます	주십니다
いらっしゃる	계시다, 오시다	→	いらっしゃいます	계십니다, 오십니다.
仰(おっしゃ)る	말씀하시다	→	おっしゃいます	말씀하십니다.

[형용사파생동사]

高(たか)める vt 고양하다	高(たか)まる vi	高(たか)い A
強(つよ)める vt 강화하다	強(つよ)まる vi	強(つよ)い A
弱(よわ)める vt 약하게 하다	弱(よわ)まる vi	弱(よわ)い A
広(ひろ)める vt 확산하다	広(ひろ)まる vi	広(ひろ)い A

[주요문형]

Va + なければ ならない・ざるを えない・V기 + べき

말해야 한다
(いわなければならない・いわざるをえない・いうべき)

해야 한다 (しなければ ならない・せざるを えない・すべき)

~ては ならない

말해서는 안 된다 (いっては ならない)

해서는 안 된다 (しては ならない)

Va + なくてもいい

말하지 않아도 된다 (いわなくても いい)

하지 않아도 된다 (しなくても いい)

V기 + ことが できる ↔ できない

말할 수 있다 (いう ことが できる)

할 수 있다 (する ことが できる)

Vi + うる ↔ えない

있을 수 있다 (ありうる ↔ ありえない)

부득이하다 (やむをえない)

Vi + がたい・づらい・かねる・にくい

알기 어렵다
(わかりがたい・わかりづらい・わかりかねる・わかりにくい)

Vi + やすい・かねない

되기 쉽다 (なりやすい・なりかねない)

사전 찾는 방법

일본어를 학습하려면 기본적으로 일한사전, 한일사전, 한자읽기사전이 필요합니다. 요즘은 전자사전, 인터넷검색으로 위 사전이 모두 하나로 통합되어 편리하게 찾을 수 있어도 역시 사전이 필요합니다. 영어는 스펠링을 a, b, c, d … 순서로 찾으면 되지만 일본어는 띄어쓰기를 하지 않는데다가 한자를 어떻게 읽을지 모르면 사전이 있어도 무용지물입니다. 또한 어미의 변형이 많으니 기본형을 모르면 찾을 수 없습니다.

한자의 경우는 먼저 한자의 음으로 찾고 한자의 음을 모르면 총획수를 세어서 한자읽기 사전의 가나다순으로 찾습니다. 다만 전자사전이나 인터넷은 필기인식기에 마우스로 그려 넣으면 됩니다.

예를 들어 속(屬)의 일본한자는 属이기 때문에 못 읽는 경우 그대로 그립니다. 属은 단어의 뒤에 올 때가 많으니까 이럴 때는 역순한자읽기사전이 편리합니다.

일본 서식례

告訴状(こくそじょう) 고소장[55]

〇〇〇警察署長(けいさつしょちょう) 殿(との) ○○○경찰서장 귀하

平成(へいせい)〇〇年(ねん)〇月(がつ)〇日(にち)
평성○○년○월○일

告訴人(こくそにん) 고소인
住所(じゅうしょ) 주소
氏名(しめい) 성명 生年月日(せいねんがっぴ) 생년월일
職業(しょくぎょう) 직업 電話番号(でんわばんごう) 전화번호

被告訴人(ひこくそにん) 피고소인
住所(じゅうしょ) 及び(および) 氏名(しめい) 주소 및 성명
職業(しょくぎょう) 不詳(ふしょう) 직업 직업미상 電話番号(でんわばんごう) 전화번호

第(だい)1 告訴(こくそ)の 趣旨(しゅし) 고소의 취지

被告訴人(ひこくそにん)の 下記(かき) 所為(しょい)は、刑法(けいほう) 第(だい)〇〇条(じょう) 〇〇罪(ざい) 及び(および) 同第(どうだい)〇

---

55) 단어 위에 후리가나를 달아 학습편의를 도왔다.

○条(○○罪)に 該当すると 思料される ので、被告訴人を 厳重に 処罰されたく 告訴する。

피고소인의 하기 행위는 형법 제○○조 ○○죄 및 동 제○○조 ○○죄에 해당한다고 사료되므로 피고소인을 엄중히 처벌할 것을 고소한다.

＊する(하다) → される(되다) → され＋たい(희망) → され＋たく(たい의 부사형)

第2　告訴事実 고소사실

被告訴人は、○○年○月○日○時ごろ ○○で、告訴人の 顔面を 殴る など し、よって、○○などの 傷害を 負わせ、また ○○に 設置して いた ○○を 損壊した。

피고소인은 ○○년○월○일○시경 ○○에서, 고소인의 안면을 때리는 등 하여 (그에) 따라 ○○ 등의 상해를 입히고, 또한 ○○에 설치하고 있었던 ○○를 훼손하였다.

＊おう(입다) → おわせる(입히다)　おわせ(중지형)

第3　告訴に 至る 経緯 고소에 이른 경위

1.と2. 省略 1.과 2. 생략

3. 結果、告訴人は、○○で 加療 ○○日の 傷害を 負い、

○○は 完全に 破壊された ため 代品購入を 余儀なく された。

결과, 고소인은 ○○로 가료 ○○일의 상해를 입고, ○○는 완전히 파괴되었기 때문에 대품구입을 여지없이 해야만 했다.

告訴人は このような ことを 断じて 許す ことが できないので、厳重な 操作の 上、被告訴人を 厳罰に して 頂きたく 告訴する。

고소인은 이와 같은 것을 결단코 용서할 수 없으므로 엄중한 조작 위에 피고소인을 엄벌로 해주시길 고소한다.

第4　立証方法 입증방법

1. 証人 従業員 甲　증인 종업원 갑
2. 証人 乙　증인 을
3. 証人 丙　증인 병
4. ○○外科病院 医師 作成の 診断書
   ○○외과 병원 의사 작성의 진단서
5. 写真　사진
6. 証人 乙 所有の 携帯電話に よる 録画映像
   증인 을 소유의 휴대폰에 의한 녹화영상

第5　添付書類 첨부서류

1. 上記診断書 一通　상기의 진단서 1통
2. 写真 ○○枚　사진 ○○장
3. その他　기타

和解合意書 화해합의서

甲と 乙とは、次の通り、円満に 和解合意した。

갑과 을은 다음과 같이 원만하게 화해 합의하였다.

第１条　事故の 特定、以下「本件 交通事故」と いう。

제1조　사고의 특정, 이하「본건 교통사고」라고 한다.

(1)　日時　○○年○月○日○時○分ごろ

일시　○○년 ○월 ○일 ○시○분경

(2)　場所　장소

(3)　事故の 当事者 及び 運転車両

사고의 당사자 및 운전차량

甲 被害者：　自転車　갑 피해자：　자전거

乙 加害者：　自家用自動車 ○号　을 가해자：　자가용 자동차 ○호

(4)　事故の 状況　사고의 상황

乙が 運転車両を 運転して いた ところ 自転車で 道路を 横断中の 甲を 跳ねた。

을이 운전차량을 운전하고 있을 때 자전거로 도로를 횡단 중인 갑을 치었다.

第2条 謝罪 及び 損害賠償の 合意、支払い 方法

제2조 사죄 및 손해배상의 합의, 지불방법

乙は、自らの 不注意に より、甲を 受傷させ、甲に 多大な 物理的 精神的 損害を 生じさせた ことを 深く 反省し、甲に 対して 謝罪する。甲は、乙の 心情を 汲み取り 全て 許す。

을은 스스로의 부주의에 의해 갑을 다치게 하고 갑에게 막대한 물리적 정신적 손해를 입힌 것을 깊이 반성하고 갑에 대하여 사죄한다. 갑은 을의 심정을 헤아려 모두 용서한다.

乙は、甲に 生じた 損害を、次の 通り、甲に 対して 賠償する。

을은 갑에게 발생한 손해를 다음과 같이 갑에게 배상한다.

1) 治療費、交通費など ○○円 치료비, 교통비 등

2) 休業 損害 ○○円 휴업손해

3) 後遺症に よる 逸失利益 ○○円 후유증에 의한 일실이익

(甲乙は 症状 固定を 相互に 確認した)

(갑을은 증상 호전을 서로 확인하였다)

4) 慰謝料 ○○円 위자료

5) 物損 ○○円 대물손해

6) 合計 ○○○円 합계

乙は、本日、上記 金員を 甲に 交付し、甲は これを 受領した。

을은 본일, 상기금원을 갑에게 교부하고 갑은 이를 수령하였다.

第3条　警察 及び 検察庁への 届出

제3조　경찰 및 검찰청에 대한 신고

本 和解書の とおり 甲乙が 円満に 和解した ので、その旨、乙は、所轄警察 及び 検察庁に 報告し 本 和解書の 写しを 提出する ことが できる。

본 화해서 대로 갑을이 원만하게 화해했으므로 그 취지를 을은 관할 경찰 및 검찰청에게 보고하고 본 화해서의 부본을 제출할 수 있다.

甲は、本件 交通事故に 関する 被害 届け 及び 刑事告訴を 一切 取り下げる。

갑은 본건 교통사고에 관한 피해신고 및 형사고소를 일체 취하한다.

第4条　清算条項

제4조　청산조항

甲乙間には、本和解書に 定める ほか 何らの 債権債務 関係が 存在しない ことを 相互に 確認した。

갑을 간에는 본 합의서에서 정하는 것 외에 어떠한 채권채무도 존재하지 않는 것을 서로 확인하였다.

以上の 通り 合意が 成立した ので、本 和解書 2通を 作成し、甲乙各 1通を 所持する ことと した。

이상대로 합의가 성립하였으므로 본 합의서 2통을 작성하여 갑을 각 1통씩 소지하기로 하였다.

〇〇年〇月〇日

○○년 ○월 ○일

甲： 住所 갑： 주소

氏名 성명

乙： 住所 을： 주소

氏名 성명

注1 交通事故の 場合の 和解合意書です。示談書と いう 表示でも 同じです。

주1 교통사고의 경우 화해합의서입니다. 시담서(합의서)라고 하는 표시도 마찬가지입니다.

注2 本 和解合意書は、加害者が 刑事事件 業務上 過失致傷罪等の被疑者 あるいは 被告人と なって いる 場合の 例ですので、被害届出や 告訴の 取り下げに ついても 触れて います。

주2 본 화해합의서는 가해자가 형사사건 업무상 과실치상죄 등의 피의자, 혹은 피고인으로 된 경우의 예시이므로 피해신고나 고소의 취하에 대해서도 언급하고 있습니다.

注３　被害届出の 取り下げが できるかは そのような 扱いを して いない 警察が 多いと 思われますが、加害者、被疑者に とっては 有利な 文言です。

주３　피해신고의 취하를 할 수 있는지는 그와 같은 취급을 하지 않은 경찰이 많다고 생각됩니다만 가해자, 피의자에게 있어서는 유리한 문언입니다.

注４　被害者が、示談とは 別に 刑事 処分を 望む 場合も あるでしょうから、その 場合は 円満に 解決とか 被害届出を 取り消す、すべて 許す、という 文言は 記載する ことは できません。

주４　피해자가 합의와는 별도로 형사처분을 바라는 경우도 있을 테니까 그 경우는 원만하게 해결이라든지 피해신고를 취소한다든지 모두 용서한다고 하는 문언은 기재할 수 없습니다.

そのような 文言を 入れたければ、慰謝料等の 金額を 上乗せする などの 交渉して 被害者に 納得して もらう ことが 必要に なります。

그와 같은 문장을 넣고 싶으면 위자료 등의 금액을 추가하는 등의 교섭으로 피해자에게 납득해 받을 것이 필요하게 됩니다.

注５　後遺症に ついては できれば、後遺症の 程度を 記載するのが 良いでしょう。後日、どの ような 後遺症だったのか 紛争に なる ことも 考えられます。

주５　후유증에 대해서는 가능하면 후유증의 정도를 기재하는 것이 좋겠지요. 후일 어떤 후유증이었는지 분쟁이 되는 일도 생각할 수 있습니다.

また、和解の 時点で 予想されなかった 後遺症が 後日 発生した場合、事故と 因果関係が あれば、第4条の 清算条項の 記載が あっても 被害者は 請求できる ことに なって います。

또한 화해시점에서 예상되지 않았던 후유증이 후일 발생한 경우, 사고와 인과관계가 있으면 제4조의 청산조항의 기재가 있더라도 피해자는 청구할 수 있게 됩니다.

注6 被害者の 側から、和解の 内証を 内密に する よう 求められる ことが あります。その 場合は、被害者の 意思を 尊重する ことに なりますが、その 場合でも 警察、検察庁や 裁判所には 和解書を 提出する ことが できる ことを 記載する 必要が あります。

주6 피해자의 측면에서 화해의 내증을 비밀로 하도록 요구받는 일이 있습니다. 그런 경우는 피해자의 의사를 존중하게 됩니다만, 그 경우에도 경찰, 검찰청과 법원에는 화해서를 제출할 수 있는 점을 기재할 필요가 있습니다.

訴状(そじょう) 소장

事件名(じけんめい) 사건명 不当利得返還等請求事件(ふとうりとくへんかんとうせいきゅうじけん) 부당이득반환 등 청구사건

○○裁判所御中(さいばんしょおんちゅう) 재판소 귀중 ○○年(ねん)○○月(がつ)○○日(にち) 년 월 일

原告(げんこく)(申立人(もうしたてにん)) 원고(신청인) 連絡先(れんらくさき) 연락처

被告(ひこく)(相手方(あいてがた)) 피고(상대방) 위와 동일

訴訟物(そしょうぶつ)の価額(かがく) 소송물의 가액

貼用印紙額(ちょうようじんしがく) 첨부인지대

請求(せいきゅう)の趣旨(しゅし) 청구의 취지

1. 被告(ひこく)は原告(げんこく)に対(たい)し、金(きん)○○及(およ)び内金(うちきん)○○に対(たい)する○○から支払(しはらい)済(ず)みまで年(ねん)○分(ぶ)の割合(わりあい)による金員(きんいん)を支払(しはら)え。

피고는 원고에게 금○○ 및 계약금 ○○에 대한 ○○부터 지불완료시까지 연 ○푼의 비율에 의한 금원을 지불해라.

2. 訴訟費用(そしょうひよう)は被告(ひこく)の負担(ふたん)とする。소송비용은 피고의 부담으로 한다.

との判決(はんけつ)ならびに仮執行(かりしっこう)の宣言(せんげん)を求(もと)める。라는 판결 및 가집행의 선언을 구한다.

紛争の要点(請求の原因) 분쟁의 요점(청구의 원인)

第1 当事者 당사자

第2 不当利得返還請求権の根拠 부당이득반환청구권의 근거

証拠方法 증거방법

付属書類 부속서류

答弁書 답변서

〇〇年〇〇月〇〇日 년 월 일

〇〇裁判所御中 재판소 귀중

被告訴訟代理人弁護士 피고소송대리인변호사

第1 請求の趣旨に対する答弁 청구의 취지에 대한 답변

1 原告の請求を棄却する 원고의 청구를 기각한다

2 訴訟費用は原告の負担とする 소송비용은 원고의 부담으로 한다

第2 請求の原因に対する認否 청구의 원인에 대한 인정여부

第3 抗弁事実(一部弁済) 항변사실(일부변제)

第4 予想される争点について 예상되는 쟁점에 대하여

原告の主張する争点のほか，一部弁済の有無も争点になると考える。

원고가 주장하는 쟁점 외에 일부변제의 유무도 쟁점이 된다고 생각한다.

第5 結論 결론

上記のとおりであるから，原告の請求は，理由がない。

상기와 같으므로 원고의 청구는 이유가 없다.

証拠方法 증거방법

付属書類 부속서류

裁判所用

訴　　　状

事件名　　　　　　　　　　　　　　　　**請求事件**

□少額訴訟による審理及び裁判を求めます。本年，この裁判所において少額訴訟による審理及び裁判を求めるのは　　回目です。

簡易裁判所　御　中　　　　平成　　年　　月　　日

<table>
<tr><td rowspan="3">原告（申立人）</td><td colspan="2">〒
住　所（所在地）
氏　名（会社名・代表者名）　　印
TEL　－　－　FAX　－　－</td></tr>
<tr><td rowspan="2">送達場所等の届出</td><td>原告（申立人）に対する書類の送達は，次の場所に宛てて行ってください。
□上記住所等
□勤務先　名　称
〒
住　所
TEL　－　－
□その他の場所（原告等との関係　　）
〒
住　所
TEL　－　－</td></tr>
<tr><td>□原告（申立人）に対する書類の送達は，次の人に宛てて行ってください。
氏　名</td></tr>
<tr><td rowspan="2">被告（相手方）1</td><td colspan="2">〒
住　所（所在地）
氏　名（会社名・代表者名）
TEL　－　－　FAX　－　－</td></tr>
<tr><td colspan="2">勤務先の名称及び住所
TEL　－　－</td></tr>
<tr><td rowspan="2">被告（相手方）2</td><td colspan="2">〒
住　所（所在地）
氏　名（会社名・代表者名）
TEL　－　－　FAX　－　－</td></tr>
<tr><td colspan="2">勤務先の名称及び住所
TEL　－　－</td></tr>
</table>

<table>
<tr><td>訴訟物の価額</td><td>円</td><td>取扱者</td></tr>
<tr><td>貼用印紙額</td><td>円</td><td rowspan="2"></td></tr>
<tr><td>予納郵便切手</td><td>円</td></tr>
<tr><td colspan="3">貼用印紙　　裏面貼付のとおり</td></tr>
</table>

(982010)

①－1

裁判所用

一　般

請求の趣旨	1　被告　　は，原告に対して，　　　　　次の金員を支払え。 金　　　　　　　　円 {□上記金額に対する □上記金額の内金　　　　　　円に対する} 平成　　年　　月　　日から平成　　年　　月　　日まで の割合による金員 {□上記金額に対する □上記金額の内金　　　　　　円に対する} {□平成　　年　　月　　日 □訴状送達の日の翌日}から支払済みまで の割合による金員 2　訴訟費用は，被告　　の負担とする。 との判決（□及び仮執行の宣言）を求めます。
紛争の要点（請求の原因）	
添付書類	

①－2　　　　　　(982010)

<참고문헌>

1. 사법연수원, 『일본법』, 『사법제도론』, 2010
2. 정종휴, 일본법, 신조사, 2011
3. 岩村 等, 『入門 日本近代法制史』, 有斐閣, 2003
4. 牧英正·藤原明久 編, 『日本法制史』, 青林書院, 2005
5. 村上淳一, 『法の歴史』, 東京大学出版会, 2005
6. 山本博文, 『江戸時代の国家·法·社会』, 校倉書房, 2004
7. 歴史學硏究會 編, 『紛争と訴訟の文化史』, 青木書店, 2000
8. 山本博文·大石学·磯田道史·岩下哲典, 『外国人が見た近世日本』, 角川学芸出版, 2009
9. 青木人志, 『「大岡裁き」の法意識』, 光文社新書, 2005
10. ______, 『裁判員制度』, NHK 知る楽 2009. 7月号
11. 川島武宜, 『日本人の法意識』, 岩波新書, 1967(1쇄) 2006년(58쇄)
12. 日本法社会学会 編, 『続法意識の研究』, 有斐閣, 1984
13. 松本恒雄 外, 『日本法への招待』, 有斐閣, 2006
14. 渡辺洋三, 『法を学ぶ』, 岩波新書, 2007
15. 佐々木知子, 『日本の司法文化』, 文藝春秋, 2000,
16. 日弁連司法改革実現本部 編, 『司法改革』, 日本評論社, 2005
17. 六本佳平, 『日本法文化の形成』, 放送大学教育振興会, 2003
18. 角田猛之, 『日本社会と法』, 晃洋書房, 2013
19. 河合隼雄·加藤雅信, 『人間の心と法』, 有斐閣, 2003
20. 中川剛, 『日本人の法感覚』, 有斐閣, 1989
21. 大木雅夫, 『日本人の法観念』, 東京大学出版会, 1996
22. 田宮 裕, 『日本の裁判』, 弘文堂, 2002
23. 野村二郎, 『日本の検察』, 講談社, 1989
24. 丸田隆, 『陪審裁判を考える』, 中公新書, 1990
25. 牧原憲夫, 『民権と憲法』, 岩波新書, 2008
26. 那珂川裕次郎(酒主邦夫), 『宮沢賢治と裁判の話』, 文芸社, 2007

찾·아·보·기

[주요색인]

メモ

メモ

メモ

저자약력

[학력(学歷)]

- 한국외국어대학교 일본어과 졸업 韓国外国語大学 日本語科 卒業(1988)
- 일본 나라교육대학 국비유학 日本 奈良教育大学 国費留学(1987~1988)
- 한국외국어대학교 대학원 일본어과 석사(일본근세문학전공) 졸업
  韓国外国語大学 大学院 日本語科 修士課程(日本近世文学専攻) 卒業(1992)
- 국사편찬위원회 국외사료과정(일본고문서)수료
  国史編纂委員会 国外史料課程(日本古文書) 修了(1994)
- 한국외국어대학교 대학원 일본어과 박사 수료
  韓国外国語大学 大学院 日本語科 博士 修了(1999)
- 중국 샹하이 쨔오통대학 연수 中国 上海交通大学 研修(居住 2002~2005)
- 건국대학교 대학원 법학과 박사학위 취득(지적재산법전공)
  建国大学 大学院 法学科 博士学位 取得(知的財産法専攻)(2015)

[경력(経歴)]

- 한국외국어대학교 외 다수 대학교, 법조인 대상 법서독해 강의
  韓国外国語大学の他 多数大学, 法曹人対象 法書読解 講義(1992~현재)
- 서울중앙지방법원 조정위원, 최달용국제특허법률사무소 자문역(2015~현재)

[논문·저서(論文·著書)]

- 사이카쿠 문학에 나타난 목욕문화 (한국외국어대학 석사논문, 1992)
  西鶴文学に現れた風呂文化 (韓国外国語大学 修士論文 1992)
- 법률일본어, 진원사 法律日本語, 辰元社(2008)
- 법률일본어입문, 진원사 法律日本語入門, 辰元社(2011)
- 일본사회와 법, 진원사 日本社会と法, 辰元社(2013)
- 한·일 저작권법의 발전사와 현행법제에 관한 상호비교연구(건국대학교 대학원 박사논문, 2015)
  韓·日 著作権法の発展史と現行法制に関する相互比較研究(建国大学 大学院 博士論文 2015)

E-mail : monmaria@naver.com

[제4판] 10주 완성 법률일본어 입문

저 자	김 현 주	2011년 3월 15일 초 판 발행
발행인	양 진 수	2013년 6월 7일 제2판 발행
발행처	진 원 사	2015년 10월 23일 제3판 발행
		2020년 5월 8일 제4판 인쇄
		2020년 5월 26일 제4판 발행

서울시 송파구 법원로9길 26, C동 1107호 (문정동, H비즈니스파크)
전화 : 02) 916-1850 / 팩스 : 02) 916-3442
신고번호 제2018 - 000026호
http://www.jinwonsa.co.kr
http://www.lawbookstore.co.kr
e-mail : hhansin@hanmail.net

저자와의 협의하에 인지생략

ISBN : 978-89-6346-571-5 93360

정가 28,000원